ÉDITORIAL

Les yeux levés, le regard dans le vague, son expression est énigmatique. Quelques millièmes de seconde grappillés à l'adversaire la détachent du commun des mortels : elle a rejoint ces demi-dieux que sont les athlètes victorieux. Autour d'elle, le spectateur, lui, reste dans l'ombre, la mine ternie par le quotidien, il semble ne pas vouloir se prendre au jeu. Au moment où Paris déclare sa flamme aux JO qu'il accueille en 2024, « la société du spectacle » décrite par Guy Debord aurait-elle fait long feu ? Audiences, sondages, billetteries... à chaque compétition, tout indique au contraire qu'elle est dans une forme olympique. Alors d'où viennent ces moues dubitatives qui entourent notre championne ? Peut-être d'une méfiance face à la performance à l'heure où « les premiers de cordée » ne sont plus en odeur de sainteté.

Sur des terrains moins sportifs, comme la musique classique, on découvre que la course à l'excellence a, là aussi, ses adjuvants chimiques. Alors, on ne se laisse plus éblouir par le halo de lumière qui entoure ceux que l'on a pris pour des superhéros, pas plus qu'on ne se laisse étourdir par les cocoricos qui accompagnent l'obtention des Jeux. Trop belle, trop simple, la victoire de Paris interroge : en dehors des stades, qui sont les gagnants et les perdants de cette grand-messe laïque ? Mais pas si vite... Sans attendre 2024, des sportives occupent le terrain. Qu'importe la compétition, la Coupe du monde de football féminine est déjà une victoire : celle de la conquête par les femmes de ce qui fut longtemps un temple du masculin. La couverture de ce numéro prend alors un tout autre sens. Le fait que « vainqueur » se décline de plus en plus au féminin explique peut-être quelques regards en coin. ®

SOMMAIRE

AMBIANCE FEUTRÉE

Les couleurs et le dessin de votre reportage sur le Japon sont magnifiques. Je jalouse les gens qui savent poser des couleurs comme ça ! Antoine

L'homme que vous jalousez s'appelle Simon Lamouret. Il a choisi de dessiner le Japon vieillissant en couleurs vives et au feutre, une technique qu'il n'avait jamais utilisée. *La Revue Dessinée* est un laboratoire, alors nous lui avons fait confiance et nous avons bien fait !

DES PETITES LIGNES QUI EN DISENT LONG

Je rebondis sur le reportage « Trains fantômes » du numéro #23. Si vous grattez un peu, vous découvrirez la même boucle pour les tramways en ville : dans les années 1960, on a laissé ceux-ci devenir désuets pour les remplacer par le tout-bagnole, avant de les ressortir à la fin des années 1980. Éric

Cher Éric, merci pour votre réaction qui suggère que la spirale *« baisse des investissements, donc de la qualité de service, donc de la fréquentation, justifiant à son tour la baisse des investissements »* n'est pas propre à la SNCF. C'est exactement ce que nous voulions aborder à travers l'histoire des trains du quotidien : un mécanisme de démantèlement insidieux et silencieux, redoutable et inexorable, à l'œuvre dans de trop nombreux services publics. Comme nous le confirme le témoignage de Viviane, une lectrice qui a travaillé longtemps à la maintenance du matériel ferroviaire à la RATP : *« Quand on abandonne la maintenance patrimoniale (tous les dix à trente ans), on réalise de grosses économies à court terme, puis un jour tout s'écroule et on paie le prix fort. »*

LUMIÈRES SUR LE BLANCHIMENT

L'enquête « Écrans de fumée » m'a ouvert les yeux sur une des raisons du maintien dans l'illégalité du commerce du cannabis. Les intérêts convergent, une fois de plus, entre des populations a priori éloignées. Merci de nous donner ces clés... Et bravo pour votre association avec la revue de photojournalisme « 6Mois », que j'aime aussi beaucoup ! Yannick

Cher Yannick, cet article, publié dans notre numéro précédent, montre que l'argent du cannabis sert parfois à l'évasion fiscale des plus riches. Comme vous le soulignez, les enquêtes journalistiques permettent parfois de révéler de drôles de convergences d'intérêts. Mais celles dont il est question dans ce sujet expliquent-elles le maintien du commerce dans l'illégalité ? Difficile, pour l'instant, de l'affirmer...

La tête qui tourne

Chère *Revue Dessinée,* merci pour votre travail fantastique. Vous êtes à mes yeux une des plus belles façons de lutter contre l'infobésité. Mes années ne sont plus rythmées par les saisons, mais par la sortie de ce trimestriel ! C'est pour cela que je me permets de pointer une erreur dans le sujet « Aux armes et cætera » du dernier numéro. Il est écrit qu'en 2016 François Hollande a fini par trancher « alors que son Premier ministre, Jean-Marc Ayrault, et son ministre de la Défense, Jean-Yves Le Drian, n'arrivaient pas à s'entendre ». Or, cette année-là, M. Ayrault était… aux Affaires étrangères. Kévin

Cher Kévin, à la lecture de votre courrier, nous étions ravis… puis contrits. Si d'aucuns diront qu'on voit toujours les mêmes têtes en politique, ce genre d'erreur est inacceptable. Mais, malgré un circuit de relecture bien huilé et une équipe de vérification et de correction au regard aiguisé, cette bourde nous a échappé. Certains se demandent encore comment cela a bien pu arriver, au point d'en perdre la tête.

All inclusive

Des points médians se cachent dans cette *Revue Dessinée,* saurez-vous les dénicher ? En découvrant, à la lecture de la toute première mouture d'un sujet, que deux auteurs avaient opté pour l'écriture inclusive, nous avons été surpris·es et nous avons souri. Deux hommes qui décident que, pour une fois, le masculin ne l'emportera pas, ça ne pouvait que réjouir les féministes dans nos rangs. Toutefois, dans la rédaction, les avis sont partagés. *« Ça rend la lecture compliquée et le principal combat n'est pas là »,* estiment les un·e·s. *« La lutte contre l'invisibilisation des femmes passe aussi par le langage et l'œil s'habitue vite »,* rétorquent les autres. Mais nous sommes tombé·e·s d'accord sur un point : cette discussion, nous voulons l'avoir avec vous. Dites-nous !

De toutes les couleurs

Dites, *La Revue Dessinée,* dans les pages « En savoir plus », les gens de vos pictos, ils sont tous blancs. Caroline

Merci pour votre regard vigilant. Certaines représentations ont encore la vie dure, même chez nous. Mais grâce à vous on s'emploie à leur tordre le cou.

Retour sur

La plage empoisonnée.

Les algues vertes reviennent… en bande dessinée. L'enquête d'Inès Léraud et Pierre Van Hove de notre numéro #17 continue dans un nouvel album édité par nos soins et Delcourt. Rendez-vous en librairie (et en page 220 !) pour comprendre cette omerta au pays de l'agro-industrie.

Pour nous suivre et nous contacter
contact@larevuedessinee.fr
larevuedessinee.fr

DESSINS : AURORE PETIT

MUSIQUE CLASSIQUE

LES DOPÉ·E·S DE L'ORCHESTRE

Auditions, concours, répétitions, concerts... Difficile de tenir le rythme de musicien•ne classique ! Alors, en coulisse, les solistes ont leurs cocktails anti-fausses notes. Cortisone chez les ténors, fiole de whisky, antidépresseurs ou anxiolytiques chez d'autres : pour venir à bout du trac ou des tremblements, la palette des substances est variée. Mais certains des remèdes miracle glissés dans les étuis figurent parmi les produits interdits par l'Agence mondiale antidopage. Dans un monde qu'on imagine feutré, la consommation se fait en sourdine. Pianissimo, des instrumentistes brisent la loi du silence, comme Isabelle, accro à un classique : le propranolol.

FRANÇOIS THOMAZEAU **VINCENT SOREL**

* LE PRÉNOM A ÉTÉ CHANGÉ.

le PROPRANOLOL

EST UN MÉDICAMENT DE LA CLASSE DES **BÊTABLOQUANTS.**

LES BÊTABLOQUANTS SONT UTILISÉS EN CAS DE TROUBLES CARDIAQUES. ILS DIMINUENT LA PRESSION ARTÉRIELLE, RÉDUISENT LES TROUBLES RYTHMIQUES ET RALENTISSENT LE CŒUR.

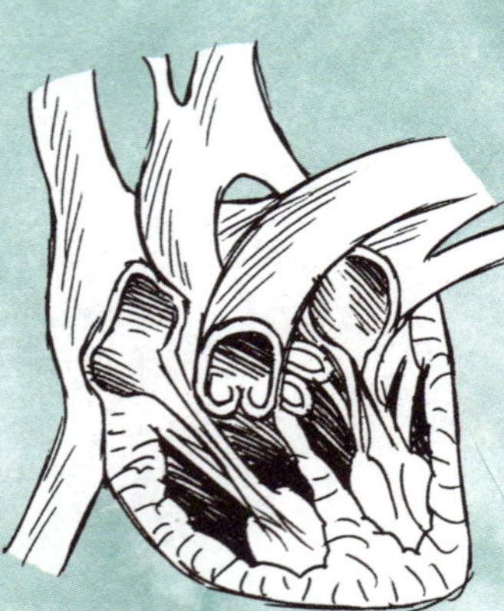

LE RALENTISSEMENT DU RYTHME CARDIAQUE PERMET (ACCESSOIREMENT) D'ANNIHILER LE TRAC ET LES TREMBLEMENTS.

JAMES WHYTE BLACK, QUI A DÉVELOPPÉ LE PROPRANOLOL DANS LES ANNÉES 1960, A REÇU LE PRIX NOBEL DE MÉDECINE EN 1988 POUR SA DÉCOUVERTE.

UNE PLAQUETTE ENTAMÉE DE PROPRANOLOL EST GLISSÉE EN PERMANENCE DANS LA POCHE DE L'ÉTUI DE L'ALTO D'ISABELLE.
PROPRANOLOL ratiopharm 40 mg
50

PEUT-ÊTRE S'EN SERVIRA-T-ELLE POUR LE CONCERT.
Parce que ce n'est pas facile, Bartók !

ELLE EST EN TOUT CAS FORMELLE : LA CULTURE DU « MÉDOC » EST TRÈS INSTALLÉE.
Il y a souvent des cachets qui traînent dans les boîtes d'instrument.
La petite plaquette n'est jamais bien loin.

Tou·te·s mes ami·e·s instrumentistes prennent des bêtabloquants, au moins pour les concours.

Et tou·te·s les concertistes que je connais qui ont des postes très stressants sont alcooliques.
Sans exception.

Moi-même, j'ai eu une période « petite fiole de whisky » contre le trac...

ISABELLE SE DÉFEND DE NOIRCIR LE TABLEAU.
Ce n'est pas mon genre !

la MUSIQUE dite CLASSIQUE

EST JOUÉE PAR PLUSIEURS TYPES DE FORMATIONS, QUI IMPLIQUENT PLUS OU MOINS DE RESPONSABILITÉS POUR LES ARTISTES.

L'ORCHESTRE SYMPHONIQUE

COMPREND DE TRENTE À PLUS DE CENT INTERPRÈTES. IL Y A PLUSIEURS INSTRUMENTISTES PAR « PUPITRE » (VIOLONS, FLÛTES, TROMPETTES...).

LES CONCERTOS SONT DES ŒUVRES DANS LESQUELLES UN OU UNE

SOLISTE

(PIANISTE, VIOLONISTE, ALTISTE, FLÛTISTE...) MET EN VALEUR SON JEU, PENDANT QUE L'ORCHESTRE L'ACCOMPAGNE.

ON PARLE DE **MUSIQUE DE CHAMBRE** QUAND ON PEUT CONSIDÉRER CHAQUE INSTRUMENTISTE COMME UN·E SOLISTE.

C'EST PAR EXEMPLE LE CAS DU **QUATUOR À CORDES** (DEUX VIOLONS, ALTO, VIOLONCELLE).

PARFOIS, LE OU LA SOLISTE PEUT ÊTRE SEUL·E, COMME PAR EXEMPLE DANS UN RÉCITAL DE PIANO. TOUT REPOSE ALORS SUR SES ÉPAULES.

CES DIFFÉRENTES CONFIGURATIONS (EN RÉALITÉ BIEN PLUS NOMBREUSES) IMPLIQUENT DIFFÉRENTS NIVEAUX DE STRESS.

DES ÉTUDES SUCCESSIVES CONFIRMENT LA BANALISATION DE LA PRISE DE BÊTABLOQUANTS.

LE SYNDICAT DES MUSICIEN·NE·S CLASSIQUES NORD-AMÉRICAIN·NE·S

ICSOM

INTERNATIONAL
CONFERENCE
SYMPHONY AND
OPERA
MUSICIANS

A MENÉ DEUX LARGES ENQUÊTES SUR LA SANTÉ DE SES AFFILIÉ·E·S, EN 1987 ET EN 2015.

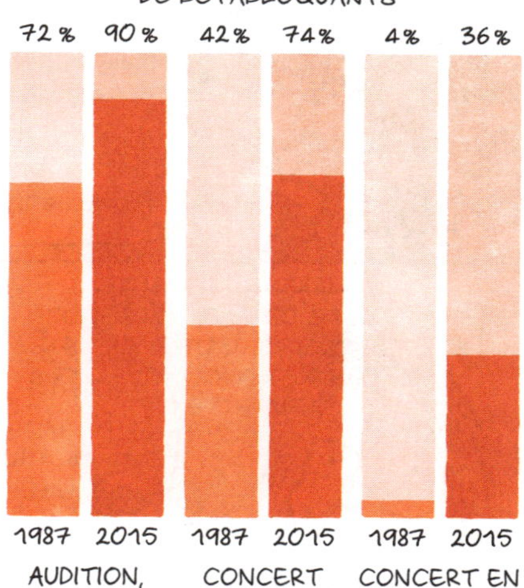

* CITATIONS EXTRAITES DE *MOZART IN THE JUNGLE*.

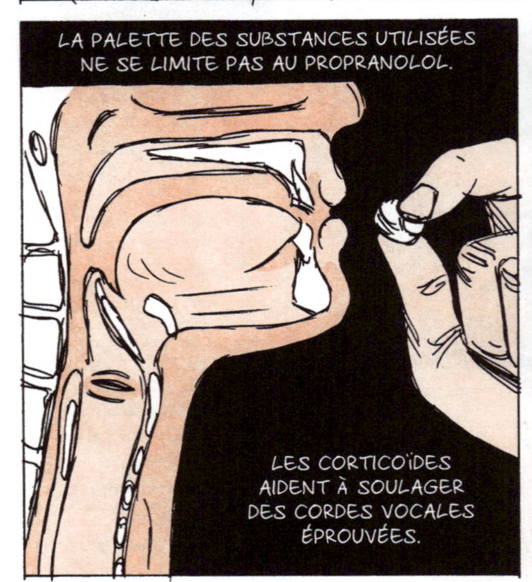

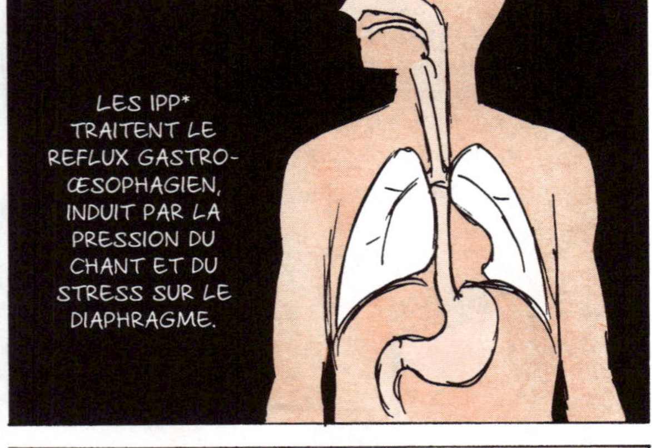

* INHIBITEURS DE LA POMPE À PROTONS, QUI RÉDUISENT LA PRODUCTION D'ACIDITÉ GASTRIQUE.

LA MUSIQUE CLASSIQUE A CONNU DANS SON HISTOIRE PLUSIEURS

ÉTOILES FILANTES

LE VIOLONISTE

CHRISTIAN FERRAS

COMMENCE SA CARRIÈRE COMME ENFANT PRODIGE ET ENREGISTRE SON PREMIER DISQUE EN 1947, À 14 ANS.

DÉPRESSIF, NE SUPPORTANT PAS LA PRESSION, IL MET FIN À SES JOURS À 49 ANS, EN 1982, APRÈS UN LONG COMBAT CONTRE L'ALCOOL.

LE TÉNOR ITALIEN

ENRICO CARUSO

EST CONSIDÉRÉ COMME LE PLUS GRAND CHANTEUR D'OPÉRA DE TOUS LES TEMPS.

IL INGURGITAIT DE L'ÉTHER À LA FIN DE SA CARRIÈRE POUR TENTER D'APAISER SES CORDES VOCALES ENDOMMAGÉES. IL EST MORT D'UNE PLEURÉSIE À 48 ANS, EN 1921.

SAMSON FRANÇOIS

ÉTAIT UN PIANISTE, SPÉCIALISTE DE CHOPIN, SCHUMANN OU RAVEL. GRAND FÊTARD, ALCOOLIQUE, IL ÉTAIT ADEPTE DES CLUBS DE JAZZ JUSQU'AU BOUT DE LA NUIT.

IL MEURT À 46 ANS, EN 1970, D'AVOIR BRÛLÉ SA VIE COMME UNE STAR DU ROCK.

LE PIANISTE CANADIEN

GLENN GOULD

EST PRINCIPALEMENT CONNU POUR SON TRAVAIL SUR BACH - ET POUR SES EXCENTRICITÉS.

EN 1964, À 32 ANS, EN PLEINE GLOIRE, IL ABANDONNE LA SCÈNE POUR SE CONSACRER AU TRAVAIL EN STUDIO, PAR PERFECTIONNISME, MAIS AUSSI POUR ÉCHAPPER À LA PRESSION ET AU CÔTÉ « BÊTE DE FOIRE » QU'IMPLIQUE UN RÉCITAL.

FRÉDÉRIC CHOPIN

DISAIT DÉJÀ, AU XIXE SIÈCLE :

Je ne suis point propre à donner des concerts. La foule m'intimide ; je me sens asphyxié par ces haleines précipitées, paralysé par ces regards curieux, muet devant ces visages étrangers.

ET PUIS LA LOI DU SILENCE S'EST DE NOUVEAU IMPOSÉE.

* INTERVIEW DANS LA *FRANKFURTER ALLGEMEINE ZEITUNG*, 12 AOÛT 2007.

Les concours d'orchestre

SONT UNE SOURCE INTENSE DE STRESS POUR LES ARTISTES.

LES CANDIDAT·E·S PASSENT DES MOIS À SE PRÉPARER À CES CONCOURS QUI PERMETTENT D'INTÉGRER UN ORCHESTRE OU DE DEVENIR SOLISTE.

Il y a des gens qui traversent la planète pour passer un concours, qui paient des billets d'avion...

Il faut jouer les parties les plus difficiles d'une symphonie ou d'un concerto et envoyer ça en deux minutes à 9h15 du matin.

On est derrière un paravent, sans voir les juges, qui ne nous voient pas non plus.

Si ça ne leur plaît pas, une petite clochette signale qu'il est temps de rentrer chez soi.

Tu passes des mois de vie monacale enfermé·e à répéter sans cesse, et on peut t'arrêter au bout de trente secondes ? C'est absolument inhumain !

Tout ce qu'on attend de toi, c'est que tu fasses une faute. Les candidat·e·s les plus « machine » feront la différence.

Je ne peux plus, je l'avoue, passer de concours sans gober ma petite dose.

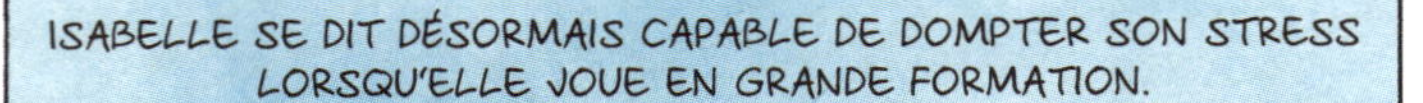
ISABELLE SE DIT DÉSORMAIS CAPABLE DE DOMPTER SON STRESS LORSQU'ELLE JOUE EN GRANDE FORMATION.

Le trac, on l'accepte.
On transpire, on tremble, certain·e·s picolent un peu, mais on serre les fesses et, au bout de cinq minutes, on est pris·e dans l'énergie du concert.

En revanche, les concours d'orchestre, c'est un autre monde. C'est monstrueux.

Le graal pour un·e jeune, c'est le Conservatoire national de Paris.
Et leurs concours sont extrêmement stressants et violents, comparables à des épreuves sportives.

L'entrée au Conservatoire se décide en vingt minutes ! Vingt minutes qui synthétisent des années de travail, un peu comme un 100 mètres olympique...
Pour les concours, les étudiant·e·s prennent beaucoup de bêtabloquants, c'est plus que répandu.
Les jeunes travaillent dix ou onze heures par jour. Ils et elles sont complètement épuisé·e·s et se gavent de Guronsan ou de Red Bull, ce que j'assimile à du dopage.

Solistes et chef·fe·s d'orchestre sont soumis·es à des enjeux financiers plutôt importants : entre 40 000 et 100 000 euros un concert, on n'est pas loin du niveau des footballeurs !

À l'approche de la fin de carrière, ils et elles savent qu'il leur reste cinq ou sept ans pour gagner un maximum d'argent.

Les artistes lyriques un peu âgé·e·s prennent souvent beaucoup de produits.
Malheureusement, cela influe sur l'espérance de vie.

Les délais sont de plus en plus courts.
Le système ne prend plus en compte le temps nécessaire pour créer.
Quand on doit produire vingt heures par jour, il n'est pas étonnant que l'on prenne des produits.

CES PRATIQUES DÉSHUMANISENT LES MUSICIEN·NE·S.
On en oublie qu'on est un·e artiste, on devient un·e exécutant·e.

Comme dans le sport, le temps de carrière est limité, alors on se «rebooste».
Si un·e artiste lyrique perd sa voix, c'est comme au football, la doublure attend derrière.

LA COMPARAISON AVEC LE SPORT N'EST PAS ANODINE.
LES ARTISTES INTERROGÉ·E·S S'Y RÉFÈRENT, ÉVOQUANT UNE VIE SOUMISE À DES ENTRAÎNEMENTS ULTRA-RIGOUREUX ET À UNE FORTE PRESSION.

DE LÀ À CONSIDÉRER L'UTILISATION D'ANTITRAC COMME UNE FORME DE DOPAGE, IL N'Y A QU'UN PAS QUE CERTAIN·E·S FRANCHISSENT ALLEGRETTO.

DÈS 1982, L'ICSOM S'INTERROGEAIT :
L'usage d'un produit efficace lors d'une audition ne donne-t-il pas un avantage injuste sur les concurrent·e·s ?
Exactement comme cela peut être le cas pour les athlètes ?

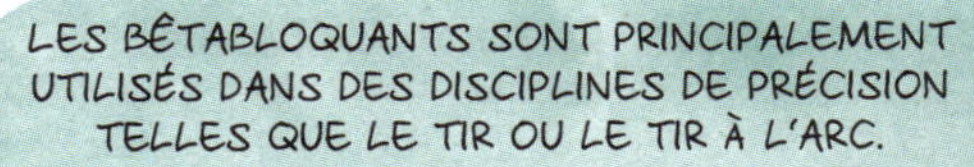
LES BÊTABLOQUANTS SONT PRINCIPALEMENT UTILISÉS DANS DES DISCIPLINES DE PRÉCISION TELLES QUE LE TIR OU LE TIR À L'ARC.

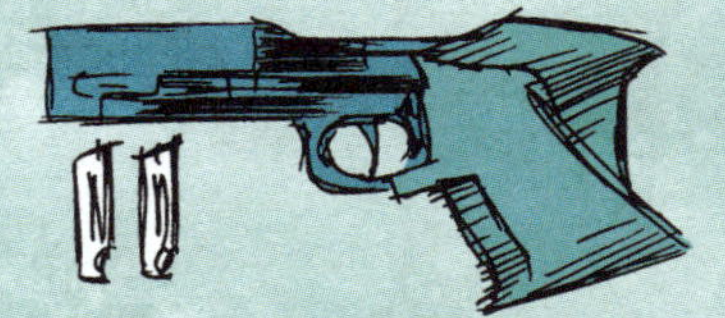

ILS FIGURENT DEPUIS LONGTEMPS DANS LA LISTE DES PRODUITS INTERDITS PAR L'AGENCE MONDIALE ANTIDOPAGE (AMA).

LORS DES JEUX OLYMPIQUES DE 2008, LE NORD-CORÉEN KIM JONG-SU A ÉTÉ CONTRÔLÉ POSITIF AU PROPRANOLOL. ON LUI A RETIRÉ SES DEUX MÉDAILLES DE TIR AU PISTOLET.

IL EXISTE POURTANT UNE DIFFÉRENCE MAJEURE ENTRE SPORT ET MUSIQUE : LA COMPÉTITION N'EST PAS L'ENJEU DU SPECTACLE ARTISTIQUE.
Chez nous, la performance est plus psychologique que physique.
Il faut avoir toutes ses facultés au moment précis de l'interprétation.

On ne travaille pas le corps, on essaie de dominer son angoisse.
L'idée n'est pas de jouer une sonate de Beethoven le plus vite possible !

Exactement : ce que nous attendons, nous, c'est de la beauté, de la poésie...
Bref, de l'émotion !
Et pas simplement une performance physique.

CERTAIN·E·S ASSUMENT AU CONTRAIRE LE PARALLÈLE.
Le chant, c'est du sport de haut niveau.
RAPHAËL SIKORSKI, PROFESSEUR DE CHANT, PRÉPARE DES ARTISTES LYRIQUES AUX CONCOURS ET À LA SCÈNE.

Moi, je suis un coach sportif : je suis là pour expliquer comment on y va, comment on s'habille, comment on fait pour gérer le stress à l'approche du concours.
Un chanteur ou une chanteuse est jugé·e en dix minutes sur deux airs !

Mais, à mon avis, c'est exagéré de parler de dopage dans la musique.

Je ne nie pas l'utilisation de produits, mais elle n'est pas plus importante que dans le reste de la société.

Le principal problème, ce sont les risques. La plupart de ces produits sont dangereux.
Il faut les arrêter et revenir à la technique.
Le fait de prendre quelque chose déstabilise complètement le corps.
Il faut retrouver un geste sportif.

La clé, comme dans le sport, c'est le travail. Pour avoir confiance, pour entretenir l'instrument et éviter les accidents.
Des phoniatres vont donner des exercices à faire pour travailler la voix et ne pas fatiguer les cordes vocales.
DANIEL, CHANTEUR DEPUIS 30 ANS DANS UN CHŒUR

Les méthodes douces comme la relaxation, l'imagerie mentale ou la méditation se répandent aussi.
Ça permet non seulement de lutter contre le stress, mais aussi de ménager notre corps, c'est-à-dire notre instrument.
Ça évite de recourir à la chimie et de risquer d'endommager la voix.
Nous utilisons de plus en plus les méthodes des sportifs et sportives, parce que, finalement, c'est ce que nous sommes.
Et notre carrière dure beaucoup plus longtemps que dans le foot.

Les corticoïdes, ça marche sur le moment. Ça n'affecte pas la performance du jour, mais celles qui vont arriver.

Vous chantez sans sensation.
Vous faites énormément de mal à l'instrument et, après, vous allez le payer.

On le sait, Caruso se shootait à l'éther. Mais c'était à la fin.

C'est toujours à la fin que ça devient difficile, parce que le corps a changé.
C'est normal que ça ne fonctionne plus comme avant.
Certain·e·s ne savent pas s'arrêter.

D'APRÈS ISABELLE, LES MÉDICAMENTS ONT D'AUTRES EFFETS NÉFASTES.
Ils affectent la musicalité en faisant jouer «plat», sans émotion, sans fraîcheur.

Mais en même temps le trac te raidit aussi énormément.
Quand tu n'as pas de souplesse, le son n'est pas bon, il est raide.
Les bêtabloquants donnent la possibilité de te détendre complètement.

LES BLESSURES

LES CORDES VOCALES SONT DEUX PETITS PLIS DANS LE LARYNX, QUI SE METTENT EN VIBRATION POUR CRÉER LE SON. ELLES S'OUVRENT PENDANT LA RESPIRATION ET SE FERMENT PENDANT LA PRODUCTION DE SON.

LES CORDES VOCALES PEUVENT ENFLER OU S'ABÎMER À LA SUITE DE TROP DE FRICTION, D'UNE MALADIE, D'UNE ALLERGIE – LE REFLUX GASTRIQUE, LES SINUSITES, LE RHUME...

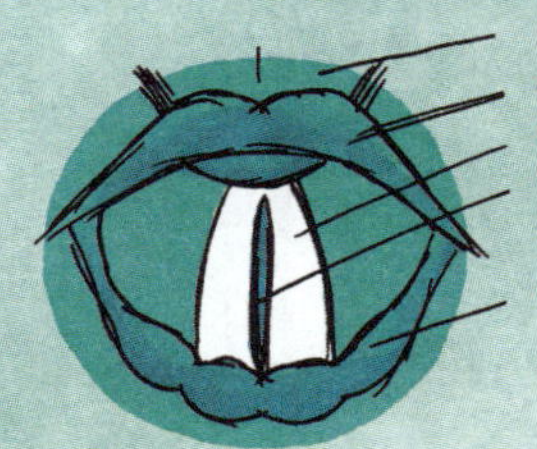

LES ARTISTES LYRIQUES SONT SUJET·TE·S AUX BLESSURES RÉCURRENTES.

L'INTERVENTION LA PLUS COURANTE CONSISTE À ENLEVER UN NODULE, UNE SORTE DE KYSTE SUR UNE CORDE VOCALE QUI ALTÈRE LA VIBRATION ET GÊNE LA BONNE FERMETURE DES CORDES.

LES INTERVENTIONS SUR LES CORDES VOCALES SONT PRESQUE AUSSI FRÉQUENTES QUE LES OPÉRATIONS DU GENOU DANS LE FOOTBALL.

AVEC LES MÊMES CONSÉQUENCES ET LES MÊMES REPOS FORCÉS.

Si j'en crois les musicien·ne·s avec qui j'en ai discuté, chacun·e trouve son dosage. C'est de la bidouille.

Le vrai souci, ce sont les médecins. Certain·e·s sont complices et encouragent la prise de produits, plutôt que de préconiser le repos.

IL FAUT INTERROGER LE SYSTÈME DANS LEQUEL LES ARTISTES CLASSIQUES ÉVOLUENT.

Nous avons affaire à des personnes sensibles et travailleuses, qui commencent dès l'âge de six ou sept ans.
Ce sont des passionné·e·s !
Ils et elles ne sont pas bien préparé·e·s à ce milieu très dur.

Beaucoup ont l'idéal du soliste.
Mais, pour faire un parallèle avec le football, on peut avoir une belle carrière en ne jouant que dans des ligues nationales !

La musique classique reflète les évolutions de la société...
Un monde de plus en plus stressant, de plus en plus précaire, de plus en plus marchand.

Précarité au diapason

En France, musique classique ne rime pas avec salaires identiques. Il existe presque autant de revenus qu'il y a d'instruments dans un orchestre. Ville, rang, statut ou années d'expérience… Du précaire au soliste star : qui gagne quoi ?

Plus près de toi, mon chef

Dans un orchestre, mieux vaut ne pas être loin de celui qui tient la baguette. Le premier violon est généralement en CDI. Sur sa chaise tout proche du public, il empoche un salaire plus élevé que les musiciens des autres rangs qui jouent à l'unisson, les tuttistes.

Ultra-rentable solitude

Les musiciens solistes sont des cas à part. Généralement, ils ne sont pas membres de l'orchestre. Invités, ils sont payés à la représentation, parfois grassement selon leur notoriété.

Making-of

« Cette enquête a commencé par des recherches sur l'usage des bêtabloquants chez les sportifs. En quête de forums dédiés, j'ai découvert des sites où des musiciens s'échangent des tuyaux sur les produits pour faire face au trac. C'est Isabelle qui m'a confirmé que l'usage du propranolol était généralisé dans le métier. D'autres ont renchéri. Quand elle a reçu les planches de Vincent Sorel, l'instrumentiste m'a confié avoir réfléchi. Elle s'est rendue à un concours sans "gober". Elle a échoué mais assure s'être libérée des cachets. La Revue Dessinée *a des vertus thérapeutiques ! »* François Thomazeau

Faire ses gammes

Accéder aux rangs les plus hauts, et les mieux rémunérés, s'obtient à force de concours ou d'années d'expérience. Lorsqu'ils jouent dans une formation de droit privé, comme l'Orchestre national de Lille, le salaire des musiciens est régi par une convention collective. A minima, un tuttiste commence à 2 976 euros brut mensuels, un chef de pupitre à 3 296 euros. Sous le statut de droit public, les rémunérations varient selon l'orchestre.

Ding, dingue, dong !

Et le triangle au fond qui ne joue que trois notes ? S'il est en contrat avec l'orchestre, il gagnera la même somme que les autres tuttistes. Pas question de s'endormir : il doit rester d'autant plus concentré qu'il joue moins.

Saltimbanques ou privilégiés ?

Les musiciens en contrat fixe ont aussi droit à des primes pour l'entretien de leur outil de travail ou pour leurs habits de scène. Il existe également des bonus aux instruments rares. Mais ces rémunérations ne concernent pas les très nombreux précaires qui courent le cachet. En France, on dénombre un peu moins de 3000 musiciens en CDI.

DESSIN : JORGE GONZÁLEZ

SOURCE : PHILHARMONIE DE PARIS, « LA LETTRE DU MUSICIEN », DIAPASON.

instantané

Heure d'hiver. 21 août 1968. Les chars soviétiques viennent d'entrer en Tchécoslovaquie pour en finir avec le « Printemps de Prague ». Un rassemblement s'organise. L'envahisseur compte le réprimer en ouvrant le feu sur la foule, mais le mot court parmi les manifestants. À l'heure prévue, il n'y a personne.

CAMILLE DROUET **AMÉLIE FONTAINE**

POUR PRENDRE CE CLICHÉ QUI VA ENTRER DANS L'HISTOIRE, JOSEF KOUDELKA, TRENTE ANS, SURPLOMBE L'AVENUE OÙ DEVAIT SE RÉUNIR LA POPULATION.

LE DÔME DE LA PLACE VENCESLAS, À L'ARRIÈRE-PLAN, SERT DE POINT DE FUITE À LA LONGUE PERSPECTIVE DE BITUME VIDE ET DÉSOLÉE QUI S'OUVRE DEVANT LUI.

IL SERRE LE POING, LE LÈVE ENTRE LES COURBES DES LIGNES DE TRAMWAY ET PRESSE LE DÉCLENCHEUR. SON BRAS FORME UNE PERPENDICULAIRE PARFAITE DEVANT L'AVENUE DÉSERTE.

À PART LE PETIT GROUPE À GAUCHE DE L'IMAGE, LA MAIN DU PHOTOGRAPHE EST LE SEUL ÉLÉMENT VIVANT DU CLICHÉ. SA MONTRE MARQUE ENVIRON MIDI, HEURE PRÉVUE DU RASSEMBLEMENT. PRAGUE VIENT D'ÉCHAPPER À UN BAIN DE SANG.

QUELQUES MOIS PLUS TÔT, ALEXANDER DUBČEK A ÉTÉ ÉLU PREMIER SECRÉTAIRE DU PARTI COMMUNISTE TCHÉCOSLOVAQUE.

FIN DE LA CENSURE, LIBÉRATION DES PRISONNIERS POUR DÉLIT D'OPINION... IL A ENGAGÉ UNE PÉRIODE DE LIBÉRALISATION, MAIS SON « SOCIALISME À VISAGE HUMAIN » N'EST PAS DU GOÛT DU BLOC DE L'EST. URSS EN TÊTE, LES TROUPES DES PAYS DU PACTE DE VARSOVIE ENVAHISSENT LA VILLE. PRAGUE SE SOULÈVE.

ARMÉ DE SON APPAREIL, KOUDELKA MITRAILLE LA RÉVOLTE, SES CRIS ET SES JETS DE PAVÉS. SUR CE CLICHÉ, LE TEMPS SEMBLE S'ÊTRE ARRÊTÉ.

SORTIE CLANDESTINEMENT DU PAYS, LA SÉRIE QUI A ATTERRI À L'AGENCE MAGNUM NE SERA PUBLIÉE QU'UN AN PLUS TARD PAR LE « SUNDAY TIMES MAGAZINE », SIGNÉE DES INITIALES « P.P. » POUR « PRAGUE PHOTOGRAPHER ».

PAR CRAINTE DES REPRÉSAILLES, LE « PHOTOGRAPHE TCHÈQUE INCONNU » PARTI EN EXIL ATTENDRA LA MORT DE SON PÈRE, RESTÉ AU PAYS, POUR REVENDIQUER SES IMAGES.

IL NE POURRA Y RETOURNER QU'APRÈS LA RÉVOLUTION DE VELOURS EN 1989. SON CLICHÉ N'Y SERA PUBLIÉ QUE L'ANNÉE SUIVANTE, EN UNE DE L'HEBDOMADAIRE « RESPEKT ».

MAI 68

CHAMPS RÉVOLUTIONNAIRES

D'un côté, il y a des paysans contestataires. De l'autre, des intellectuels révolutionnaires. Les premiers refusent de devenir esclaves de leur travail quand les seconds usent les bancs de la Sorbonne. Nous sommes au début des années 1970, l'air est encore chargé du parfum de Mai 68. La lutte commence sur le Larzac tandis que, dans les usines, des militants maoïstes se font embaucher pour trimer au milieu des ouvriers. D'autres, convaincus que le terreau de la révolution est plus fertile à la campagne, prennent la clé des champs et s'établissent parmi les paysans. Ils n'étaient pas fait du même bois et on aurait pu penser que la greffe n'irait pas de soi, mais l'histoire racontée par leurs petits-enfants montre qu'ils partagèrent bien plus qu'une utopie.

ULYSSE MATHIEU **TROUBS**

* Louis Althusser est un philosophe français (1918-1990), membre du Parti communiste. Ses écrits sur le marxisme ont notamment fait référence lors des événements de mai 1968.

OCTOBRE 1959, PARAY-LE-MONIAL, SAÔNE-ET-LOIRE.
Merde ! Claudius !
Arrête-toi !
Quoi encore ?

Ça coince !
Encore !
J'y vais. J'y vais.

Cette machine alors...

Alors ?
Attends je suis en train de regarder.
CLAC
AAAH!!
LA BARRE DE COUPE SECTIONNE LA JAMBE DE CLAUDIUS AU NIVEAU DU GENOU.

C'est le sort qui s'acharne, mon fils !

D'abord l'asthme et maintenant la jambe.
C'est terrible mais...

...La ferme, c'est bien fini pour toi désormais.
?!!
Non !

Tu te trompes, père !
Je ne suis pas rentré de la guerre d'Algérie pour bosser au Crédit agricole.

Je serai fermier !
Quoi qu'il advienne.

AVRIL 2018, LUZY, NIÈVRE.
Ah, voilà !

De vrais instruments de torture.
Et...
...et l'accident, ça ne t'a pas fait douter ?

Non.
Pas vraiment.
J'étais sûre qu'il était le bon.
BERNADETTE, LA FEMME DE CLAUDIUS.

Ensuite, on s'est mariés très vite.
Ses parents nous ont laissé une petite maison...

…ON FAISAIT DES PETITES CHOSES, DES COCHONS, UN PEU DE MARAÎCHAGE SUR PLACE.
LA PROTHÈSE DE CLAUDIUS LE FAISAIT SOUFFRIR.

ET SON ASTHME EMPIRAIT JOUR APRÈS JOUR.

ON A EU LES PREMIERS ENFANTS.
NOUS VIVIONS AVEC PEU, MAIS NOUS VIVIONS.
Dans ton état …
… tu ne peux pas tenir une exploitation.

Avec ou sans votre aide, j'aurai une ferme à moi.
NI MES PARENTS NI LES SIENS NE VOULAIENT NOUS LAISSER LEUR FERME.

ALORS QUAND ON A VU CETTE ANNONCE…
Regarde ça, Bernadette !
FERME À LOUER
MILLAY 47ha
RENSEIGNEMENT À DEMANDER 993694
VENTE OIES RACE RUSTIQUE
SIMPLE DÉMARRAGE
ON A FONCÉ.

C'EST COMME ÇA QU'ON EST ARRIVÉS AU BREUX.
C'ÉTAIT EN NOVEMBRE 1966.

MES PARENTS NOUS ONT DONNÉ QUELQUES BÊTES EN NOUS DISANT QU'ON FAISAIT UNE ERREUR.
QUE LA FERME ÉTAIT TROP DURE, QU'ON NE TIENDRAIT PAS.

Merde!
Encore bloqué!

UNE FOIS PAR AN, LE CHÂTELAIN RENDAIT VISITE À SES FERMIERS.

IL ENTRAIT CHEZ NOUS SANS FRAPPER.
Alors, qu'est-ce qu'on mange, ce midi ?

POUR CLAUDIUS, QUI MILITAIT CHEZ LES JEUNES AGRICULTEURS DEPUIS SON RETOUR D'ALGÉRIE, C'ÉTAIT INSUPPORTABLE.
PFIOOWW

MAI 1968.
Le Monde
ÉTUDIANTS ENSEIGNANTS TRAVAILLEURS
TOUS UNIS

RENAULT
UNION
OUVRIERS PAYSANS
PSU

J'ai rencontré Claudius en faisant du porte-à-porte.
JEAN-FRANÇOIS, AGRICULTEUR !
À l'époque, je venais juste de finir le collège agricole.
C'était pour un concours de fermes fleuries, mais on a tout de suite parlé d'autre chose.
TOC TOC

T'es encore chez les Jeunes Agriculteurs ? Les réacs ?
Moi, c'est fini !

Toi, je vais te présenter quelqu'un.
Mon ancien professeur.

ON SE RETROUVAIT POUR DISCUTER, TOUJOURS CHEZ CLAUDIUS.
Je dis juste que, si on attend la révolution, on risque d'attendre longtemps.
Ah, non !
Je ne peux pas te laisser dire ça !
CE N'ÉTAIT PAS DE TOUT REPOS.

* Figure du syndicalisme agricole, Bernard Lambert (1931-1984) a fondé le Mouvement des paysans-travailleurs puis la Confédération nationale des syndicats de travailleurs paysans, qui donnera l'actuelle Confédération paysanne.

* À la fin des années 1960, une partie de la jeunesse intellectuelle française, les « maoïstes », s'est inspirée de la révolution culturelle chinoise dans l'espoir de renverser le capitalisme. ** Alain Badiou est un philosophe et écrivain français d'inspiration marxiste.

… APRÈS LA THÉORIE, VINT LE TEMPS DES ACTIONS CONCRÈTES.
JE ME RAPPELLE ÊTRE ALLÉE EN HAUTE-SAÔNE AVEC DEUX MILITANTS POUR SOULEVER LES PAYSANS.

ON A FINI PAR DORMIR DEHORS.
Bonne nuit.
Bonne nuit.
UN BIDE TOTAL.

Il faut incendier un château !

ON FAISAIT DES RÉUNIONS INTERMINABLES CHEZ NOUS.
Oui, il faut s'allier aux paysans qui ont besoin de nous.
On a tous des compétences intellectuelles ou manuelles.
Il faut persévérer et aller à la campagne.
C'EST LÀ QU'ON A ENTENDU PARLER D'UN GROUPE DE PAYSANS DANS LA NIÈVRE.

C'EST COMME ÇA QUE CLAUDIUS ET MON GRAND-PÈRE SE SONT RENCONTRÉS.
ILS SONT MORTS TOUS LES DEUX DÉSORMAIS.
PERSONNE NE SAIT CE QU'ILS SE SONT DIT CE JOUR-LÀ.

LA LÉGENDE FAMILIALE VEUT QU'ILS SE SOIENT ENGUEULÉS.

MAIS LES MAOS ONT EU LA PERMISSION DE REVENIR.

ET C'EST AINSI QU'ON VIT DES ÉTUDIANTS GAUCHISTES S'INSTALLER DE TEMPS EN TEMPS AU BREUX.

PARIS, AOÛT 2016.
PATRICE VERMEREN, PROFESSEUR DE PHILOSOPHIE.
Regarde ce que j'ai trouvé dans une brocante.

C'est dans cette revue que Jean Borreil avait écrit un article sur les couilles de cochon !
NOURRITURES
Sur les quoi ?
Tu ne connais pas cette histoire ?

ON ÉTAIT DESCENDUS CHEZ GRANDIN, UN CAMARADE DE CLAUDIUS, AVEC JEAN ET UN ÉTUDIANT MAÇON.
J'ai besoin de vous pour construire une porcherie.
J'ÉTAIS TOUT À FAIT INCOMPÉTENT.

Patrice, barre-toi, y a les flics !

C'est bon, tu peux sortir, ils sont partis !
DE TEMPS EN TEMPS, LES FLICS FAISAIENT DES DESCENTES. ILS CHERCHAIENT À SAVOIR CE QU'ON FABRIQUAIT.

ET PUIS UN JOUR...
Bon, aujourd'hui...
... on va castrer les cochons!

Mais comment je...?
Tu leur tiens bien les pattes!
Un coup sec avec le couteau!
Et tu récupères bien les bourses dans le seau.

ET LE SOIR...
Bon appétit...

IL NOUS A FAIT UNE SUPERBE POÊLLÉE DE COUILLES DE COCHON.

Il se moquait un peu, mais on partageait beaucoup.
On se préparait quand même pour la révolution.
L'idée, c'était de dégager du temps pour qu'ils puissent militer...
... Et puis de créer les conditions d'une fusion avec les paysans, mais pas théorique.

Pour moi, c'était un peu le bord du précipice.
Parce que tu ne livres pas ta vie comme ça...

JE VOYAIS DÉBARQUER DES GENS DE DIJON, DE CLERMONT, DE PARIS.
Bonjour, m'dame !

JE N'AVAIS PAS LE DROIT DE CONNAÎTRE LEURS VRAIS NOMS.
Vous allez vous installer dans la grange.
Mais ne fumez pas dans le foin, s'il vous plaît.

UN JOUR, JE LES AI SURPRIS.
Hé hé !
On va manger de bons p'tits rôtis !
ILS PARLAIENT DE MES ENFANTS, ÇA M'AVAIT CHOQUÉE.

MAIS FINALEMENT, ÇA S'EST PLUTÔT BIEN PASSÉ.
Voilà, les garçons...
... la vache qui est revenue de l'abattoir !
Merci, Bernadette !

Claudius ne perdait jamais de vue que nous étions des intellectuels.
Quand il a su que j'étais géographe, il m'a fait vérifier le cadastre.

TOUS LES SOIRS, IL DEMANDAIT :
Alors Nicole ? Combien de différence ?
Pas grand-chose.
Mais combien ?
Soixante-dix centimètres.

Puisqu'on est des travailleurs, il faut mesurer notre temps de travail...
...pour pouvoir calculer un salaire digne.

ON A FAIT VENIR CHRISTINE JAEGER, UNE ÉCONOMISTE.

ELLE A TOUT CHRONOMÉTRÉ.
LES BÊTES ET LE TRAVAIL DOMESTIQUE.

On est à 75 heures de travail hebdomadaires pour Claudius.
Pour Bernadette, c'est plus de 80.

Tu es peintre, non ?
Ben oui.
C'est la troisième brebis que les voitures me fauchent cette année ! J'en ai marre !

On ne va pas se laisser emmerder !
Qu'est-ce que j'écris alors ?

DROIT DE VIVRE
POUR LES TRAVAILLEURS
BOURGEOIS ATTENTION
TUERIE INTERDITE

Il est là.
Fais gaffe !

Pas mal, hein ?
DROIT DE VIVRE
Je crois que la route a dû rester bloquée deux jours.
Au bout d'un moment, les gendarmes sont venus.
Oui, mais même là, il n'a pas tout enlevé, il a juste fait une chicane...

Ce n'est pas ce jour-là qu'il a retiré sa jambe ?
Oh, je ne sais plus.
Il le faisait tout le temps.
Comment ça ?

Dès que mon père se faisait emmerder par les flics, il enlevait sa prothèse et il gueulait : « Emmenez-moi ! »
C'était radical !

OCTOBRE 1970, UN AN APRÈS L'ARRIVÉE DES MAOS.

UN MOIS PLUS TARD, PARIS, GARE DE LYON.
Salut Bernadette.
Salut, Nicole.
C'est la première fois que tu viens à Paris ?
Oui.
Alors on va marcher jusqu'à l'hôpital.

C'est beau ...
Mais pourquoi il y a ces drapeaux noirs ?

Tu n'as pas entendu ?
De Gaulle est mort ce matin.

Claudius !
Tu marches !
Eh oui !
Ils m'ont remis sur pied.

PENDANT CE TEMPS, AU BREUX...
Claudius a été admis en rééducation.
Il faut tenir la ferme jusqu'à son retour.
Allez, c'est ton tour.
Mais fais attention, c'est l'enfer, ces pentes...
Il faut se relayer pour que Bernadette ne soit jamais seule.
OK.
D'accord.
Pas comme ça !
Tu repasses comme une bourgeoise !

Ça va, ils bossent, les Parisiens !

ET UN SOIR DE MARS 1971 ...
Je souhaite à Claudius un bon retour chez lui.
Merci.
Merci beaucoup pour tout ce que vous avez fait...

Bonjour, Marcel.
Merci d'être venus.
Pas de quoi !
UNE SEMAINE PLUS TARD.

L'huissier devrait venir ce matin.
Pourquoi ? Ils te réclament du fric ?
Attends, je vais te montrer.

Tu vois les cochons, là ?
La coopérative me fournit les porcelets et l'aliment.
Ils me les rachètent une fois engraissés, en déduisant le prix des fournitures.
Mais là, comme le prix du cochon a baissé, mon solde est négatif. Du coup ils viennent saisir les bêtes.

Je suis criblé de dettes alors que je bosse 12 heures par jour.
Ils cherchent à éliminer les petits paysans.

Je passe en procès dans trois mois.
On va essayer de te trouver un bon avocat.

* Union nationale des étudiants de France, syndicat fondé en 1907, ancré à gauche.

Maître Leclerc, c'est à vous.
Merci, monsieur le Président.

La loi du 6 juillet 1964 protège les paysans intégrés.
Selon l'article 4, la somme demandée par la firme ne peut excéder le coût de revient.

Certes, comme mon confrère ne manquera pas de le faire remarquer, ces dispositions ne s'appliquent pas aux coopératives.
... Puisque théoriquement les paysans en sont tous copropriétaires.

Mais ici, le résultat est le même : mon client est ruiné alors qu'il a accompli le travail qui lui était demandé.
Je prétends que l'intégration relève du droit économique et prévaut sur le contrat civil de coopération.
La loi de 1964 doit s'appliquer.

PARIS, MAI 2018.
Je me rappelle très bien cette affaire.
HENRI LECLERC AVOCAT
J'étais très lié à Bernard Lambert à l'époque.

Les paysans passaient aux techniques modernes d'exploitation.
Le capitalisme faisait son entrée dans le monde agricole avec l'endettement massif des agriculteurs.

La coopérative était un vieux rêve agricole : réunir les paysans pour peser sur l'économie.
Mais petit à petit, elles sont devenues plus importantes.
Et pour concurrencer les grosses firmes, elles se comportaient comme des entreprises vis-à-vis des paysans pauvres.

On a beaucoup perdu, dans cette affaire comme dans d'autres...
...mais cette époque est celle d'une prise de conscience de certains paysans.

Et les graines de cette agitation ont germé plus tard...
attac
Confédération Paysanne

C'est là qu'on faisait les vaches.
Et tu n'as jamais eu envie de reprendre la ferme?
La question s'est posée, mais c'était trop dur...
... Et puis, ça s'est quand même mal fini.

On était plus diversifiés que les autres, donc plus stables...
... Mais mon père ne voulait pas payer la coopérative. Pour lui, c'était politique.
Et puis, il était en conflit avec pas mal de monde.

Les traites se sont accumulées, L'État a saisi son héritage, et il s'est brouillé avec sa famille.
Ah oui, quand même ...

C'était son combat, il défendait les autres.
Mais ma mère l'a subi quand même.
Et les maos? Pourquoi les accueillir?
Elle a donné dans l'ombre.

Je pense qu'au fond c'est parce qu'il n'a pas eu les moyens d'aller à l'école.
C'était une façon de sortir de sa campagne, de s'éduquer à sa manière.

EN 1979, À BOUT DE FORCE, CLAUDIUS ABANDONNA LA FERME DU BREUX.
LA PERSPECTIVE D'UNE RÉVOLUTION S'ÉTANT ÉLOIGNÉE, IL Y A DÉJÀ BIEN LONGTEMPS QUE LES ÉTUDIANTS MAOÏSTES N'Y VENAIENT PLUS.

DU LARZAC À LA CONFÉDÉRATION PAYSANNE, EN PASSANT PAR LES ÉLECTIONS MUNICIPALES DE LUZY OÙ IL PERDIT TROIS FOIS, CLAUDIUS POURSUIVIT SON COMBAT JUSQU'AU BOUT.
ENTRE MES GRANDS-PARENTS ET LUI, PEU À PEU LA CAMARADERIE MILITANTE A LAISSÉ PLACE À UNE AMITIÉ FAMILIALE.

MAIS JE SAIS QUE C'EST CE QUE MON GRAND-PÈRE PENSAIT AVOIR RÉUSSI DE PLUS POLITIQUE.
SANS DOUTE PARCE QU'IL AVAIT LUTTÉ COUDE À COUDE AVEC QUELQU'UN QU'IL N'AURAIT JAMAIS DÛ CROISER.

DES AMPHIS AUX ÉTABLIS

En 1968, certains pensaient que la révolution se jouait sur les barricades. Pour d'autres, elle ne pouvait venir que des ouvriers et des paysans. Alors, pour donner aux principaux intéressés la liberté de se révolter, ces jeunes intellectuels ont quitté leurs universités pour des métiers auxquels ils n'étaient pas destinés.

« Descends de ton cheval », **disait Mao. En 1968, des étudiants l'ont pris au mot. Ici, ils marchent vers une usine Renault.**

Leur engagement tient en peu de mots : changer de destin social. Dès 1967 et jusqu'aux années 1980, des centaines d'intellectuels et d'étudiants abandonnent les facultés et rejoignent les ouvriers, les dockers et parfois les paysans pour partager leurs conditions de travail. On les appelle les « établis » car ils mettent en pratique un concept énoncé quelques années plus tôt par le dirigeant chinois Mao Zedong : « l'établissement ». Refusant de *« vivre de la sueur ouvrière »* et rejetant le statut de cadre qui les attend, ces hommes et ces femmes font le choix d'être au milieu des *« masses laborieuses »* qu'ils défendent. Le combat est double : affaiblir le syndicalisme institutionnel, soupçonné de canaliser la colère, et faire advenir *« la révolution prolétaire »*. Plutôt que de distribuer des tracts devant les usines, ils se font embaucher sur les chaînes de montage où ils espèrent provoquer l'étincelle qui conduira à la grève, au blocage ou au sabotage. L'époque est à la lutte. L'espoir est celui d'un soulèvement. Lancée en 1966, la révolution culturelle chinoise échauffe les esprits et nourrit les imaginaires.

SARTRE, FOUCAULT ET LA GALAXIE MAO

À la fin des années 1960, la Chine a déjà connu plusieurs famines et le régime est incontestablement totalitaire, mais à des milliers de kilomètres de Pékin, la fascination demeure intacte. En France, le dynamisme du maoïsme se traduit par l'éclosion de plusieurs groupes : l'Union des jeunesses communistes marxistes-léninistes, qui deviendra la Gauche prolétarienne, le Parti communiste marxiste-léniniste de France ou encore Vive la révolution. Au sein de cette galaxie, les militants actifs ne sont que quelques milliers, mais la sympathie d'intellectuels tels que Michel Foucault et Jean-Paul Sartre leur donne du poids. Un rassemblement témoigne de son influence: en 1972 à Paris, 200 000 personnes suivent le cercueil de Pierre Overney, un maoïste de 24 ans abattu au cours d'une grève par un agent de sécurité de l'usine Renault de Boulogne-Billancourt. Cet épisode est probablement le plus violent qu'a connu le mouvement. Au gré des établissements, des liens se créent entre *« des personnes qui, en raison des différences de statut social, culturel ou professionnel, n'étaient pas amenées à se rencontrer »*, note la chercheuse Kristin Ross. Ces relations se nouent dans la durée, car *« 45 % des établis l'ont été plus de six ans, 31 % de deux à cinq ans et 24 % moins de deux ans »*, estime le sociologue Marnix Dressen, lui-même *« ouvrier volontaire »* pendant quatre ans. Néanmoins, entre les établis et les autres une différence de taille a toujours subsisté: la possibilité pour les premiers de quitter l'usine ou les champs pour mener une autre vie. ®

LA RÉVOLUTION CULTURELLE CHINOISE ÉCHAUFFE LES ESPRITS ET NOURRIT LES IMAGINAIRES.

En Chine, en 1968, des ouvriers fiers de leur production célèbrent la révolution culturelle.

MAKING-OF

« Au cours de nos entretiens, un personnage revenait quel que soit l'interlocuteur : le cochon. Chacun y allait de sa petite histoire porcine. La poêlée de couilles est la seule qui ait réussi à faire son chemin jusque dans ces pages. Tant pis pour le cochon abattu avec peine car il avait le cœur à droite, le cochon souffrant de pleurésie diagnostiqué in extremis *par un interne en médecine, et le cochon ramené en quartiers à Paris dans le coffre de la R5 ! Une pensée pour eux. »* Ulysse Mathieu et Troubs

À LIRE

L'Établi, **de Robert Linhart. Récit à la première personne d'un sociologue embauché comme ouvrier spécialisé dans l'usine Citroën de la porte de Choisy.** Éd. de Minuit. (1978)

À LIRE

Changer le monde, changer sa vie, **sous la direction d'Olivier Fillieule. À travers des tranches de vie se dessine la France militante des années 1970.** Éd. Actes Sud. (2001)

MI-TEMPS

Le Cross-Fit. Pour obtenir une chronique drolatique sur la nouvelle discipline en vogue combinant haltérophilie, fitness et gymnastique, prenez une méthode d'entraînement physique venue des États-Unis et un dessinateur bordelais en mal d'abdos. Demandez à l'un de tester l'autre. Ou l'inverse.

THIBAUT SOULCIÉ

* LES PRÉNOMS ONT ÉTÉ CONSERVÉS.

ALORS QUE LES AUTRES ARRIVENT, BORIS ÉCRIT AU TABLEAU LE «WOD», WORKOUT OF THE DAY.
HOU
HA
PLEIN DE CHIFFRES ET DE MOTS ANGLAIS.
TEMA, GUYS.
MUSCLES
PEUR
PEUR
HAN !
MUSCLES
DEUX AUTRES PROFS
HAHA HA
LA SÉANCE DURE UNE HEURE ET SE DIVISE EN 20 MINUTES D'ÉCHAUFFEMENT ET 40 MINUTES DE WOD.
39:58
LES MINUTES NE T'AURONT JAMAIS PARU AUSSI LONGUES DEPUIS L'ÉCOLE !
LE MATÉRIEL EST TRÈS SIMPLE, ON PEUT L'AVOIR DANS SON GARAGE. À PART LES PNEUS DE TRACTEUR, ON TROUVE :
KB = KETTLEBELLS (EN FONTE)
BARRE OLYMPIQUE ET SES HALTÈRES
UNE BOÎTE EN BOIS
MEDECINE BALL
CORDE À SAUTER
ÉCHAUFFEMENT : TU LÈVES LA KB, 10 FOIS DE CHAQUE BRAS.
TIENS, ESSAIE !
OH, EN FAIT, ÇA VA ! EASY !
ENVIE DE VOMIR = ZÉRO !
OKAY, MOI JE M'OCCUPE DE THIBAUT ET POUR VOUS...
C'EST PARTI POUR 40 MINUTES !
NOW I LIKE DOLLARS I LIKE DIAMONDS
BIEN SÛR, DU GROS RAP AMÉRICAIN QUI VA BIEN.

DANS CE WOD, IL Y A 3 MOUVEMENTS.
LE BURPEE BOX JUMP
LE BURPEE EST LE MOUVEMENT QUI BRÛLE LE PLUS DE CALORIES.
1 ALLONGÉ AU SOL, COMME POUR UNE POMPE
2 ON RAMÈNE LES PIEDS (LES TALONS NE TOUCHENT PAS LE SOL)
3 ON SAUTE SUR LA BOÎTE
4 EXTENSION
LE KB SWING
COMME UN SQUAT.
1 FLÉCHISSEMENT DOS DROIT
2
2 BIS COUP DE REINS ET ON MONTE LA KB
3 ON REDESCEND ET ON REPOSE
LE THRUSTER
LA BARRE POUR FILLES ET POUR TOI FAIT 15 KG.
1
2 POSÉE SUR LES CLAVICULES
COUDES À L'HORIZONTALE
FESSES EN ARRIÈRE
3
BRAS VERS L'ARRIÈRE
TÊTE VERS L'AVANT
4 ON POSE

REPRENONS LE TABLEAU...
TU FAIS 21 BURPEE BOX JUMPS PUIS 21 KB SWINGS, 15 BURPEES, 15 KB SWINGS, 9 BURPEES, 9 KB SWINGS, ETC.
21, 15, 9, 9, 15, 21
KB SWING
WHAT ?

PENDANT TON REPOS, ENSUITE, TU FAIS LE MAXIMUM DE THRUSTERS. EN TEAM, PENDANT CE TEMPS, TON PARTNER FAIT SA SÉRIE DE 21, 21, 15, 15, ETC.

ET APRÈS ON REPART SUR UN 2, 4, 6, 8, 10, 12, ETC. JUSQU'À CE QUE ÇA BUZZE !
SINON, T'ES UNE MAUVIETTE !
MUSCLES

VOILÀ LE SECRET DU CROSS-FIT : DES MOUVEMENTS SIMPLES...
HAN 8 ! HAN 9...
ET DIRE QUE C'EST LA KB LÉGÈRE !

RÉPÉTÉS À UNE FRÉQUENCE DE FOU.
J'VAIS CREVER.
BE HUMBLE, BITCH !
19... 20...

HEUREUSEMENT, LES COACHS M'ENCOURAGENT AVEC BIENVEILLANCE.
OUAIS, TU FAIS LE BON MOUVEMENT, BRAVO !
CE N'EST PAS UNE LIMITE PHYSIQUE, C'EST QUE DU MENTAL !

VA À TON RYTHME.
MAIS SI TU METS DE L'EXPLOSIVITÉ, IL Y A UN ÉLAN QUI FAIT QUE C'EST MOINS DIFFICILE DE FAIRE LE MOUVEMENT !
TU VAS VOIR, TU VAS TE SENTIR BIEN DANS TON CORPS ET DANS TA VIE !
VA BRÛLER 10 KCAL SUR LE VÉLO.
TU VAS NOUS HAÏR, MAIS PAS DEMAIN. CE SERA LES DEUX JOURS D'APRÈS, TU VERRAS !
HYDRATE-TOI ! SI TU AS SOIF, C'EST DÉJÀ TROP TARD !
30 SECONDES DE REPOS !

* CES PROPOS ONT ÉTÉ MODIFIÉS À DES FINS HUMORISTIQUES ÉVIDENTES.

Contre vents et marées

L'équation est aussi inextricable qu'un nœud marin : préserver la biodiversité tout en continuant à vivre de son métier et recruter par milliers alors que l'activité est décriée. Le sort des 20 000 marins-pêcheurs français ressemble à s'y méprendre à celui des agriculteurs. Comme eux, ils ont vu leur profession s'industrialiser. Comme eux, ils sont pris dans les mailles d'un filet tissé sur mesure pour la grande distribution. Comme eux, ils se sentent les boucs émissaires d'une crise écologique qu'ils subissent de plein fouet. Au Guilvinec, premier port de pêche français, les marins-pêcheurs cherchent une boussole.

CATHERINE LE GALL **THIERRY CHAVANT**

* Le « fils de la vague » en breton.

* Vice-président du comité départemental des pêches du Finistère.

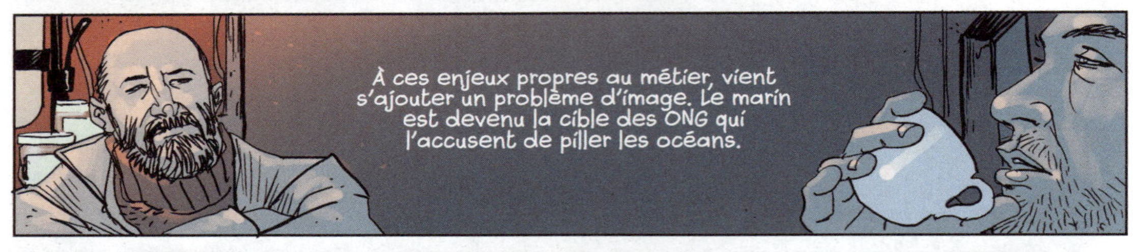

*Ancien responsable de la campagne « Océans » à Greenpeace France et auteur de « Plus un poisson d'ici 30 ans ? », Éd. Les Petits Matins (2011).

Une campagne menée en 2013 par l'ONG Bloom a été particulièrement efficace.
Pénélope Bagieu en a fait une bande dessinée publiée en ligne pour dénoncer les effets de la pêche des grands fonds.
Le retentissement a été national et a laissé des traces dans l'esprit des lecteurs, urbains pour la plupart.
Ils ont amalgamé pêcheurs et chaluts pélagiques, même si ce type de filet n'est utilisé que pour 10 % des captures en Bretagne.
Les marins sont devenus une profession mal aimée.

Pourtant, c'est d'eux, en partie, que dépend
l'avenir du pays bigouden.

On dit qu'un emploi en mer,
c'est quatre emplois à terre.

De leur activité dépend celle des chantiers navals, des mécanos, des forges,
des glacières, des mareyeurs, des poissonneries, des coopératives maritimes.

Et même, plus largement,
à travers leurs familles,
celle des écoles, des
pharmacies, des médecins,
des boulangeries et des
associations.
LA POSTE
BAR-RESTAU
BOULA

Les marins du
Guilvinec sont l'un
des trésors de ce
petit bout de terre.
Francky n'en est pas
peu fier....

* Historien local auteur de « L'Histoire du port du Guilvinec-Léchiagat ».

L'arrivée du train a accéléré l'essor de la pêche, il a permis d'acheminer le poisson vers les grandes villes alentour.
Comme pour l'agriculture, c'est après la Seconde Guerre mondiale que la plus grande évolution a eu lieu.
On est passé d'un modèle artisanal à un système intensif.
Les bateaux ont été équipés de moteurs plus puissants pour aller à la pêche au large. Les premiers hauturiers sont apparus dans les années 1960.
La criée a été construite, puis, dans les années 1970, les marins sont partis à l'aventure en Irlande et en Écosse.
À l'époque, les conditions de travail étaient bien plus rudes qu'aujourd'hui. Nous partions pour plus d'un mois en mer sans frigo.
Patrick Lapart, un ancien marin.
La viande était plongée dans le sel et il n'était pas rare que nous la mangions verte accompagnée de pain rassis.
Les hommes ne se privaient pas de boire, certains buvaient jusqu'à cinq litres par jour.

Nous étions vêtus d'une simple vareuse, sans gilet de sauvetage, et le capitaine n'avait que quelques cartes pour trouver des endroits de pêche. Mais ça payait bien.

Quelquefois, je ramenai 3 800 francs alors que mon père, qui était chauffeur, ne gagnait que 500 francs par mois.

Les années 1980, c'est la période d'or : la mécanisation permet des pêches miraculeuses.

Les premiers enrouleurs de chalut sont arrivés, évitant de faire la manœuvre à la main.

Quatre marins à bord étaient suffisants, alors qu'avant il en fallait six ou sept. L'État donnait des subventions pour moderniser les bateaux.

Leur puissance motrice et leur capacité de pêche ont explosé très vite, entraînant le pillage des ressources.

Le matériel a évolué, on pêchait mieux. L'ambiance a changé... La concurrence s'est installée entre les pêcheurs, les gros salaires, les grosses bagnoles, les grandes maisons.

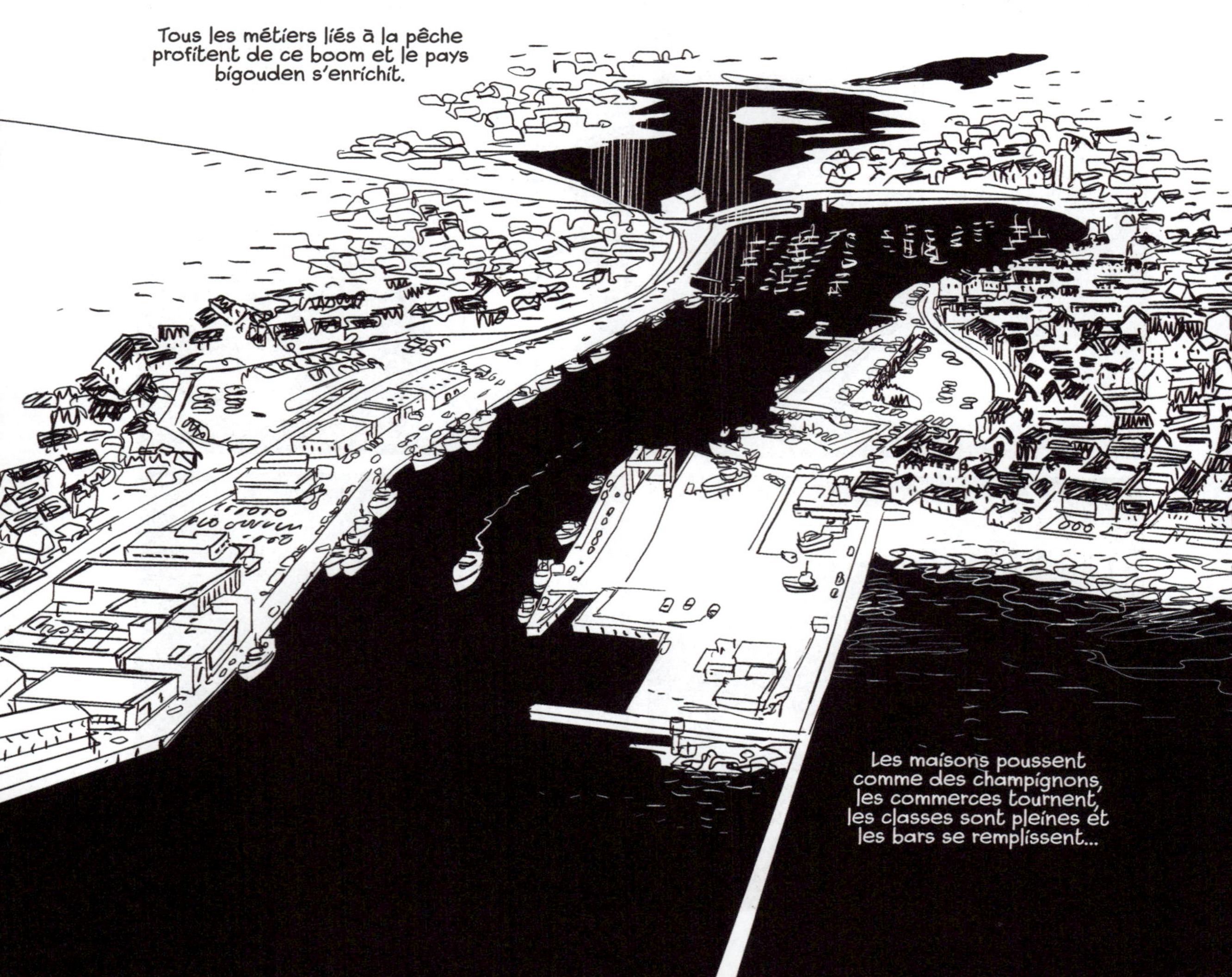
Tous les métiers liés à la pêche profitent de ce boom et le pays bigouden s'enrichit.
Les maisons poussent comme des champignons, les commerces tournent, les classes sont pleines et les bars se remplissent...

Le rêve va bientôt virer au cauchemar : le potentiel de capture étant supérieur au renouvellement des ressources, les rendements chutent et les stocks s'épuisent...

Les années 1990 amorcent un grand virage. En Europe, des programmes d'orientation pluriannuels (POP) sont mis en place pour limiter la puissance motrice de la flottille.

En 1991, Jacques Mellick, le ministre délégué de la Mer, met en place un plan qui portera son nom et qui demeurera tristement célèbre. Son objectif : réduire de 10 % la puissance totale de la flottille française.

C'est la suppression de mille bateaux de pêche de plus de dix ans dès la première année.

Le quartier maritime du Guilvinec prend la crise de plein fouet. Les marins, effondrés, envoient leurs bateaux à la casse et le cimetière des bateaux, à l'entrée du port, se remplit...

L'Europe poursuit sa politique en mettant en place les totaux admissibles de capture (TAC) qui sont fixés, chaque année, sur une espèce donnée dans une zone donnée.

Ils sont établis grâce à des données scientifiques sur les stocks. L'objectif étant de s'assurer que le volume prélevé ne remettra pas en cause la capacité de reproduction de ce stock. On appelle ça le « rendement maximal durable ».

Un volume global de capture est alors annoncé et chaque année, au mois de décembre, des négociations serrées ont lieu à Bruxelles pour établir le volume qui reviendra à chaque pays, les fameux « quotas ».

En France, la gestion des quotas est confiée aux organisations de producteurs, qui répartissent localement, avec les pêcheurs adhérents, la part qui pourra être pêchée par chaque bateau.

L'enjeu est de taille pour les marins puisque leurs revenus annuels en dépendent.

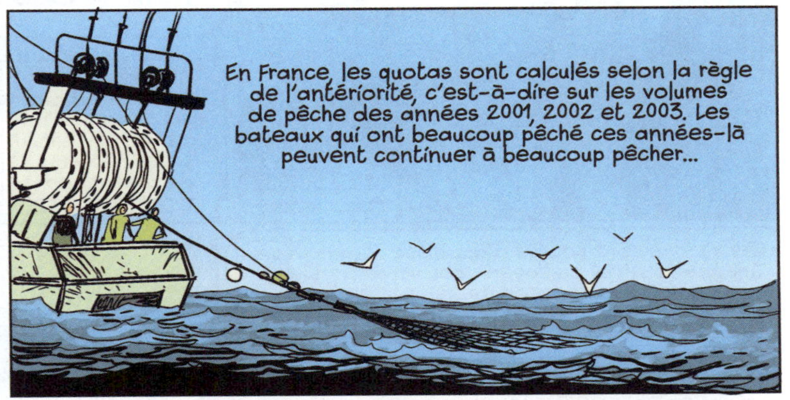
En France, les quotas sont calculés selon la règle de l'antériorité, c'est-à-dire sur les volumes de pêche des années 2001, 2002 et 2003. Les bateaux qui ont beaucoup pêché ces années-là peuvent continuer à beaucoup pêcher…

Les quotas sont attachés à un bateau tandis qu'en Irlande ou en Espagne ils sont attribués à un patron qui peut les vendre ou les louer.

Conséquence : les Espagnols sont accusés d'acheter des bateaux français pour rafler les quotas qui leur sont rattachés et augmenter ainsi leur volume de pêche…

Les avis sont partagés...

Pour moi, les quotas sont positifs car ils assurent une certaine rentabilité et une visibilité aux marins. En limitant leur volume de pêche, ils évitent que les prix et les ressources ne s'effondrent. Finalement, les quotas protègent plus les marins que les poissons.
Thierry Guigue, directeur adjoint de l'organisation de producteurs « Les Pêcheurs de Bretagne ».

Les quotas sont source d'angoisse. Il faut avoir une certaine foi en l'avenir pour investir quand on ne sait pas ce qu'on gagnera dans un an. Il faudrait que les quotas soient pluriannuels afin que nous ayons une certaine visibilité.
Soazig Le Gall, patronne de l'Armement bigouden.

Aujourd'hui, la pêche vit une période creuse.

Les marins du Guilvinec, et le pays bigouden dans leur sillage, attendent des jours meilleurs.

En 2014, la pêche a connu un rebond. Il y avait plein à pêcher, les prix étaient corrects et le gazole était bas. Le gazole, c'est un quart du chiffre d'affaires, c'est une variable énorme. Bref, les trois signaux étaient au vert.
Julien Lebrun.

Mais la pêche est un métier cyclique. L'année dernière, le prix du gazole a augmenté et le salaire des marins a baissé...

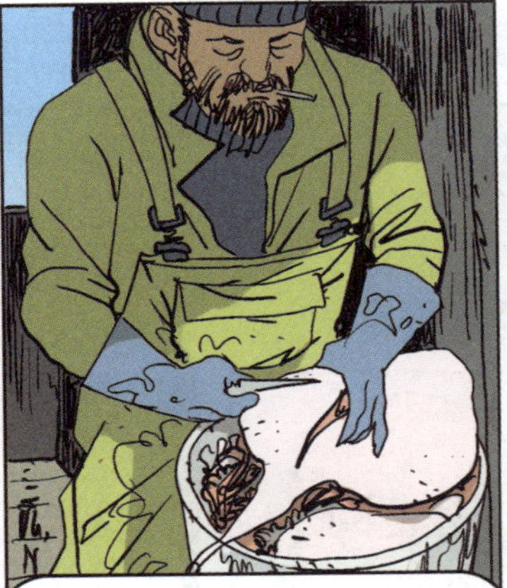
Pourtant, ils bossent toujours entre 17 et 18 heures par jour. Et ils ont quinze jours de vacances pour un mois et demi de mer...

La profession est de plus en plus réglementée et les marins sont soumis à des contrôles permanents...

Julien Lebrun.
On doit avoir un logbook à bord, une sorte de journal électronique, où on doit noter tous les traits de chalut ainsi que les espèces pêchées lors de nos sorties. Le tout est envoyé au Centre national de surveillance des pêches maritimes à Etel (56). Et attention, si le logbook ne fonctionne pas, il faut rentrer à terre.

Toutes les deux heures, le bateau doit donner son cap et sa vitesse. Et tous les jours, notifier sa pêche et les espèces.
Soazig Le Gall.

Tandis que les nouvelles en provenance de Bruxelles noircissent l'horizon...

Depuis 2019, une nouvelle règlementation européenne impose aux bateaux que tous les rejets sur les espèces à quotas soient ramenés à terre. Le but étant de mieux connaître la nature des rejets et d'inciter les marins à réduire la capture de poissons impropres au marché.

Ce sont les ONG qui ont imposé ça. Personne ne sait comment faire... Il n'y a pas de place sur les bateaux pour les stocker...
Guy Le Moigne.

Et puis, il faut les trier, les débarquer une fois arrivés sur le port. Cela demande du temps et de la main-d'œuvre...

Les incertitudes liées au Brexit ajoutent une ombre au tableau : les Anglo-Saxons pourront reprendre la main sur leurs zones de pêche à la faveur de leur départ de l'Union. Les marins français, qui y puisent une partie de leurs ressources, sont inquiets...

Au-delà des aspects règlementaires, les métiers de la pêche doivent également faire face à la financiarisation du secteur.

Autrefois, la vente se faisait sous la criée à l'arrivée des bateaux. Les mareyeurs, regroupés autour des caisses de poissons, achetaient la pêche du jour aux enchères, dans un joyeux brouhaha.

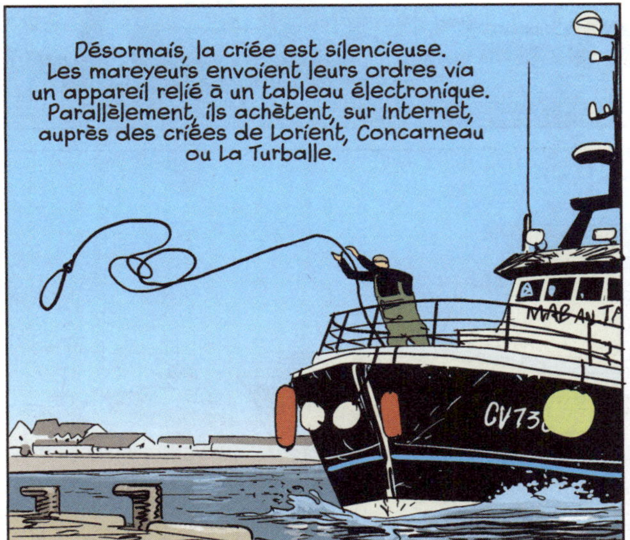
Désormais, la criée est silencieuse. Les mareyeurs envoient leurs ordres via un appareil relié à un tableau électronique. Parallèlement, ils achètent, sur Internet, auprès des criées de Lorient, Concarneau ou La Turballe.
CV73

Les commandes affluent de partout : des plus grands restaurants parisiens aux grands chefs de Pékin ou Singapour.

Le prix fluctue continuellement en fonction de la demande…

La finance s'est invitée sur le port du Guilvinec avec le groupe Océalliance, premier acheteur de poisson de criée de France, détenu principalement par des fonds d'investissement. Oubliés, les mareyeurs de père en fils…

Les grandes surfaces sont également entrées sous la criée.
TRANSPoisson

L'enseigne Intermarché a carrément créé un armement pour contrôler la chaîne depuis la pêche jusqu'à la distribution dans les magasins.

Les langoustines, vendues fraîches et à prix coûtant, leur servent de produit d'appel. Récemment, Leclerc leur a emboîté le pas, achetant de gros volumes.
LANGOUSTINES EXCEPTIONNELLES
SUPER OFFRE!

D'un côté, les grandes surfaces assurent aux marins la vente d'une partie de leur marchandise.

La grande distribution est un débouché important pour nous. S'ils ne sont pas là, on ne vend pas nos langoustines. On ne peut pas leur tourner le dos.
Julien Lebrun.

De l'autre, elles cassent les prix et menacent le fragile équilibre économique de la pêche.
C'est une erreur de faire entrer la grande distribution dans la criée.
John Castric, pêcheur de bar à la ligne.

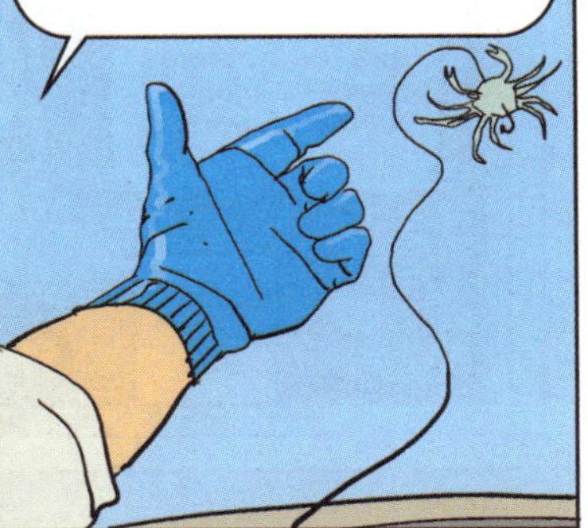
Ça casse les prix. En plus, les enseignes mettent en avant la petite pêche pour vendre des produits d'élevage ou issus d'une pêche moins durable. Elles trompent tout le monde.

L'économie change, les métiers évoluent, entraînant la pêche dans les méandres de la finance...

Tous les acteurs sont conscients qu'on est à un moment charnière. Il faut sauver le métier tout en assurant sa rentabilité et sa pérennité.
On essaie d'améliorer les conditions de travail pour rendre la profession plus attractive. À bord, on limite la dangerosité du travail et sa pénibilité, en réduisant le bruit par exemple.

Sur les bateaux que nous faisons construire, chaque marin a sa cabine avec la wifi, il peut y mettre une télé et communiquer avec sa famille par mails. Et on étoffe les équipages pour que les hommes passent plus de temps à terre.
Soazig Le Gall.

Quant à construire des bateaux plus respectueux de l'environnement... Il y a bien la piste de l'hydrogène, mais globalement on vit au même rythme que la société, on ne peut pas aller plus vite...

Certains marins font le choix d'axer leur métier sur le respect du produit et de l'environnement.

Ils pêchent le bar à la ligne ou le homard au casier, ramenant des volumes moins importants mais de grande qualité, destinés à un public plus aisé.

La pêche au casier n'a rien à voir avec celle du chalut qui racle le fond pendant des heures...
Au casier, on est plus sélectif : les homards ou les crabes doivent entrer dans le casier pour mordre à l'appât. Et quand ils n'ont pas la taille, on peut les rejeter vivants...
Quant au bar, sa chair est bien fraîche et ferme car il n'a pas été comprimé avec les autres poissons dans le chalut.
John Castric.
Là, j'ai investi dans un nouveau bateau pour arriver plus rapidement sur ma zone de pêche, les Glénan.
C'est important de valoriser notre métier pour éviter d'être engloutis par les grandes surfaces et les gros armateurs.
BAR

Les marins
du Guilvinec n'ont
pas le choix.

Ils doivent se faire une place
sur le marché mondial des
protéines de poisson : avec la
montée en puissance des pays
asiatiques, la demande explose.

En France, chaque habi-
tant consomme 35 kg de
produits aquatiques par an,
appétit qui nous hisse au
troisième rang européen.
Pour l'instant,
la production
française ne
couvre qu'un
quart de la
demande.

Les Français étant de grands consommateurs de colin d'Alaska et de thon en boîte, les marins du Guilvinec doivent faire face aux poissons importés...
... et à la percée de l'aquaculture, qui garnit les assiettes de saumon et autres truites...

Ils ont une carte à jouer.

Ils doivent trouver leur chemin entre les quotas, les contrôles, la règlementation européenne, le vieillissement de la flottille, les ONG et la raréfaction de la ressource.

De leur avenir dépend celui du pays bigouden.

La faune marine au cœur de débats houleux

Les océans ont-ils été vidés de leurs habitants ? Surpêche, détérioration de l'environnement... Après des années d'exploitation déraisonnée, les pêcheurs ont levé le pied, mais le bilan est loin de faire l'unanimité.

PHOTO : DABADIE-ANA/ ONLYFRANCE.FR

***« Quotas : les poissons pour les industriels ; les arrêtes pour les artisans »*, dénonce un pêcheur de Saint-Jean-de-Luz.**

En matière de biodiversité, le fait est suffisamment rare pour être souligné : les chiffres sont plutôt bons. En février 2018, l'Institut français de recherche pour l'exploitation de la mer (Ifremer) a publié des résultats encourageants sur l'état des stocks. *« En Atlantique Nord, la situation s'est grandement améliorée depuis les années 2000 »*, résume Alain Biseau, coordinateur des expertises halieutiques au sein de l'institut. La masse de poissons a même augmenté de 39 % entre 2003 et 2016, selon la Commission européenne. Ainsi, le lieu noir, la plie et la limande, la baudroie, la sole et le merlu semblent tirés d'affaire en Manche, mer du Nord et dans le golfe de Gascogne. *« La diminution du nombre de bateaux et le respect des quotas ont permis une baisse globale de la surpêche et une hausse de la capacité des reproducteurs à renouveler les espèces »*, développe le chercheur. D'autres sont moins optimistes. *« Certes, depuis quinze ans la situation s'améliore, mais seulement dans certaines régions et pour certaines espèces,* nuance Frédéric Le Manach, directeur scientifique de l'ONG Bloom. *Au niveau mondial, la surpêche ne va pas en diminuant.* » De fait, en mer du Nord et en Manche Est, la morue, le merlan et la langoustine sont toujours dans le rouge, en mer Celtique, la morue, le merlan et l'églefin sont en baisse. En juillet 2018, Bloom insistait sur le fait que 33 % des stocks de poissons sauvages sont surexploités dans le monde.

Des quotas controversés

Le système des quotas est aussi au cœur des débats. *« C'est un outil nécessaire, mais ça ne doit pas être le seul,* estime Frédéric Le Manach. *Il faut également contrôler la puissance et l'efficacité de pêche des navires.* » Pour lui, les quotas ont été accaparés par les industriels, et ce, au détriment des petits. *« En Europe, les artisans pêcheurs représentent 80 % des unités de pêche et 50 % des emplois. Ils sont le meilleur espoir de la pêche durable mais disparaissent à cause de la concentration des quotas.* » Autre terrain de discorde : les volumes de surpêche. Pour l'Ifremer, sur 426 000 tonnes débarquées en France métropolitaine, 48 % proviennent de stocks non surpêchés et 26 % de stocks surpêchés (22 % ne sont pas évalueés). Or Bloom conteste : *« L'Ifremer regarde les captures par espèces en oubliant qu'une grande majorité des volumes sont pêchés au chalut, ce qui n'est pas du tout sélectif. Sans compter que les espèces majoritaires, bien gérées, tirent la note vers le haut en occultant d'autres espèces.* » Pour Alain Biseau, la régulation de la pêche ne peut pas tout. *« Il y a quelques années, nous considérions que la surpêche était le facteur dominant de la raréfaction de la ressource. Malgré une pêche plus raisonnée, les stocks ne se reconstituent pas aussi vite que nous l'avions anticipé. Les facteurs environnementaux comme la pollution entrent aussi en ligne de compte.* »

DANS LE MONDE, UN TIERS DES STOCKS DE POISSONS SAUVAGES SERAIENT SUREXPLOITÉS.

PHOTO : MAREVISION / AGE FOTOSTOCK

Le congre, pêché au large du Guilvinec (29), est une espèce fragile dont les stocks n'ont pas été évalués.

MAKING-OF

***« Après une longue enquête sur deux milliardaires sans scrupules pour mon livre* Les Prédateurs, *le cri des mouettes et ces hommes qui parlent de leur métier m'ont fait un bien immense.* » Catherine Le Gall**

***« Comme Catherine, je sortais d'un album,* Sarkozy-Kadhafi, *plein de protagonistes cupides. Dessiner la mer était un formidable bol d'air iodé, mais je soupçonne que, derrière les pressions qui étouffent le Guilvinec, d'autres responsables encravatés sévissent.* » Thierry Chavant**

À LIRE

***Pêcheurs bretons en quête d'avenir,* sous la direction d'Alain Le Sann. L'histoire de milliers d'individus face à un défi : celui de partager des ressources limitées.**
Éd. Skol Vreizh. (2016)

À VOIR

***Les Marées dans la vie des hommes,* de Loïc Jourdain. Ce documentaire raconte le combat d'un pêcheur d'une petite île d'Irlande qui va jusqu'à Bruxelles pour retrouver son droit ancestral à pêcher.** (2014)

PARIS

L'IMPORTANT, C'EST DE PARTICIPER

CLÉMENTINE MÉTÉNIER ET MARGOT HEMMERICH FABIEN ROCHÉ

Les Jeux sont faits. Au moment où Tokyo se prépare à accueillir les JO de 2020, Paris est dans les starting-blocks pour ceux de 2024. *« Citius, Altius, Fortius »*, la devise née dans la capitale française va y faire son retour pour la première fois depuis un siècle. La boucle est bouclée, le marathon des candidatures terminé, la Ville lumière se pare déjà des anneaux colorés et va se préparer, pendant les cinq prochaines années, à être le centre du monde pour deux petites semaines. Les derniers Jeux olympiques et paralympiques d'été, ceux de Rio 2016, se targuent d'avoir été suivis par la moitié de l'humanité. La plus grande manifestation sportive de la planète fait donc toujours recette.

Au Panthéon des gigantismes

Mais à y regarder de plus près, la reine des compétitions s'essouffle. Quelque temps avant l'annonce de l'obtention par Paris de l'organisation des Jeux, la flamme olympique ne réchauffait déjà plus les cœurs de tous les Français. Un sondage indiquait que 22 % d'entre eux étaient alors opposés à la candidature, une minorité pas anodine pour une compétition qui se veut universelle. Autre indice trahissant la petite forme de la grand-messe : là où les villes menaient, il y a encore quinze ans, des compétitions acharnées pour accueillir les Jeux et leurs athlètes, la plupart jettent désormais l'éponge dès le tour de chauffe, faute d'adhésion de leurs populations.

À une époque pas si lointaine, la maire de Paris entonnait le refrain des sceptiques. *« Je n'ai pas porté ce projet dans ma campagne. Les Parisiens attendent de moi du logement, des équipements, de la justice, de la facilité économique »*, expliquait Anne Hidalgo tout juste élue en mai 2014. Sur le plan démocratique, son revirement soulève d'autant plus de questions que les réserves qu'elle énonçait alors trouvent un écho.

Rassemblés au sein du collectif Non aux JO 2024, les opposants estiment l'aventure peu souhaitable *« dans un contexte marqué en France par un chômage de masse et par des mesures d'austérité qui frappent tous les secteurs de la vie publique »*. Dopage, sport-spectacle, promotion de la compétition et du chauvinisme : la liste de leurs griefs est interminable. De là à envoyer les Jeux olympiques au Panthéon des gigantismes ?

Pas si vite. Par une sorte de pensée magique, les JO sont passés de concurrents à accélérateurs du développement.
On compte dorénavant sur eux pour que les travaux du Grand Paris respectent leurs délais et pour lutter contre les maux dont souffre la Seine-Saint-Denis. À la clé : des logements sociaux, des équipements sportifs rénovés, une image de la banlieue ripolinée et 150 000 emplois *« mobilisés »*.

Dans le même temps, pas question de flamber : ces Jeux seront *« maîtrisés économiquement »*, *« sobres »* et *« durables »*. Mais est-ce seulement possible de concilier le goût du *« grandiose »* et la *« sobriété »* ? À Rio, les logements issus des hôtels reconvertis peinent à trouver preneurs tandis que les équipements sont déjà en déliquescence. Autant d'écueils auxquels la France promet d'échapper. *« On sait faire »*, assure Anne Hidalgo, qui jure que les JO 2024 ne seront ni ceux du béton ni ceux de la gabegie.

Ô sport, tu es la paix

Les anneaux olympiques seraient-ils hypnotiques ? Les Jeux charrient tout un imaginaire bâti sur des valeurs *« d'excellence, d'amitié et de respect »*, autrement dit sur le fameux « esprit olympique » que l'ancien champion Guy Drut s'emploie à faire inscrire au Patrimoine mondial de l'humanité.

« Ô Sport, tu es la Paix ! Tu établis des rapports heureux entre les peuples en les rapprochant dans le culte de la force contrôlée, organisée et maîtresse d'elle-même », clamait *La Revue olympique* en 1912. Pour d'autres, au contraire, *« les Jeux olympiques représentent un gâchis de ressources extraordinaire et attisent les nationalismes »*. Ainsi Pierre Guerlain, professeur à l'université Paris-Ouest-Nanterre, voit aujourd'hui dans cette compétition la plus belle incarnation de la formule *« Du pain et des jeux »*. Il n'est finalement pas si loin de l'esprit du baron de Coubertin, l'homme qui en 1894 a ressuscité les Olympiades et pour qui le record sportif était *« l'aiguillon des ambitions d'élite indispensables aux progrès de la foule »*.

Des décennies après la mort du père des JO modernes, les procédures d'attribution sont émaillées de soupçons de conflit d'intérêts et de corruption car le Comité international olympique (CIO) reste une institution opaque. Deux journalistes et un dessinateur dissipent la fumée qui entoure cette flamme auprès de laquelle tant de villes se sont brûlé les ailes.

IL SEMBLE QUE LES AUTRES CONCURRENTS SE SOIENT ARRÊTÉS EN PLEINE COURSE... ILS N'ONT MÊME PAS FRANCHI LA LIGNE D'ARRIVÉE... VOILÀ QUI RELATIVISE UN PEU LA VICTOIRE DE NOTRE SPORTIF...
REVENONS UN PEU EN ARRIÈRE POUR TENTER D'Y VOIR PLUS CLAIR...
2015
SUR LA LIGNE DE DÉPART, ELLES SONT CINQ VILLES.
ROME
PARIS
LOS ANGELES
BUDAPEST
HAMBOURG
ELLES AURAIENT PU ÊTRE SIX MAIS EN JUILLET 2015
BOSTON
CANDIDATE CITY
OLYMPIC GAMES 2024
RENONCE À POSTULER FAUTE DU SOUTIEN DE SA POPULATION,
CETTE DÉFECTION AURAIT PU SERVIR D'AVERTISSEMENT, MAIS ELLE PASSE QUASIMENT INAPERÇUE.
NO BOSTON OLYMPICS
BETTER HOUSING
NO OLYMPIC GAMES
SAFER STREETS
NO OLYMPIC

LE 15 SEPTEMBRE 2015,
HAMBOURG
CANDIDATE CITY
OLYMPIC GAMES 2024
DÉPOSE SA CANDIDATURE.
DÈS AVRIL, DES MEETINGS ANTI-JO SONT ORGANISÉS.
DES COLLECTIFS ALERTENT SUR LES CONSÉQUENCES DES JEUX :
LE RISQUE FINANCIER
LA RÉALITÉ DE LA VILLE POST OLYMPIQUE
ET
L'AMPLEUR DES MESURES DE SÉCURITÉ
LE 29 NOVEMBRE 2015, LA CANDIDATURE EST REJETÉE AVEC 51,7 % DE
NON!
LORS DU RÉFÉRENDUM ORGANISÉ PAR LE GOUVERNEMENT.
MOINS D'UN AN PLUS TARD, LE 11 OCTOBRE 2016
ROME
CANDIDATE CITY
OLYMPIC GAMES 2024
SE RETIRE DE LA COURSE.
LA NOUVELLE MAIRE, VIRGINIA RAGGI, ÉLUE EN JUIN 2016 ET ISSUE DU MOUVEMENT CINQ ÉTOILES, EST OPPOSÉE À ACCUEILLIR...
... CES JEUX DU BÉTON !
PUIS, EN FÉVRIER 2017, C'EST
BUDAPEST
CANDIDATE CITY
OLYMPIC GAMES 2024
QUI JETTE L'ÉPONGE.
DES ÉTUDIANTS ONT LANCÉ UN VASTE MOUVEMENT AFIN QUE L'ARGENT ENGAGÉ DANS LES JO LE SOIT POUR DES PROJETS DANS LES DOMAINES DE :
L'ÉDUCATION
ET LA SANTÉ
LEUR PÉTITION CONTRE LA CANDIDATURE A RECUEILLI 200 000 SIGNATURES.

IL NE RESTE DONC PLUS QUE DEUX VILLES EN LICE :
LOS ANGELES ET PARIS
LA COMMUNICATION S'ORGANISE :
LE WEEK-END DES 23 ET 24 JUIN 2017.
UN AVANT-GOÛT DES JO
EST PROPOSÉ AUX PARISIENS.
ANNE HIDALGO
PARIS
PARIS EN MODE
JO
JOURNÉES OLYMPIQUES
23 - 24 JUIN
DANS LE MÊME TEMPS, L'ARGUMENTAIRE PRO-JEUX SE DÉPLOIE : LE COMITÉ DE CANDIDATURE
PARIS
Ville candidate
Jeux Olympiques de 2024
AFFICHE « UNE AMBITION D'EXCELLENCE ENVIRONNEMENTALE ».

WWF FRANCE APPORTE SON EXPERTISE ET SON CRÉDIT PAR LA VOIX DE SA PRÉSIDENTE (EX-CHAMPIONNE DE VOILE) ISABELLE AUTISSIER.
OBJECTIF AFFICHÉ : RÉDUIRE LES ÉMISSIONS DE GAZ À EFFET DE SERRE DE 55 % PAR RAPPORT À CELLES DES JEUX DE 2012.
MAIS CE NE SERAIT PAS PLUS ÉCOLOGIQUE DE NE PAS LES FAIRE, LES MPFF...
CHHHHHHUT...
ET PUIS L'ON PROMET TROIS MOIS DE FÊTE.
LES JO SONT L'OCCASION DE CRÉER UN MOMENT FESTIF RASSEMBLANT PARISIENS, BANLIEUSARDS ET HABITANTS DE LA PLANÈTE.
IL FAUT SE DEMANDER SI TOUS LES CENT ANS ON EST CAPABLE DE SE PAYER UNE FÊTE QUI REPRÉSENTE 1 % DE NOTRE REVENU ANNUEL. SI LA RÉPONSE EST NON, C'EST QU'ON NE SAIT PLUS VIVRE...
FRÉDÉRIC GILLI, DOCTEUR EN ÉCONOMIE SPÉCIALISTE DES QUESTIONS URBAINES
SANS COMPTER LE DÉVELOPPEMENT DE LA SEINE-SAINT-DENIS (93).
CHANCE
Construisez dix hôtels au lieu de un au prochain tour avec la carte spéciale Jeux olympiques !
DANS UNE CERTAINE MESURE, LES JO VONT :
RÉPONDRE AUX BESOINS D'INFRASTRUCTURES EN SEINE-SAINT-DENIS, OÙ UN ENFANT SUR DEUX ENTRANT AU COLLÈGE NE SAIT PAS NAGER.
TONY ESTANGUET (EX-CHAMPION DE CANOË), COPRÉSIDENT DE PARIS 2024
ÇA VA DIFFUSER DES IMAGES DE LA BANLIEUE QUE PERSONNE N'A EN TÊTE !
TONYYY

ET LE PLAN DE COMMUNICATION FONCTIONNE. LE 13 SEPTEMBRE 2017, DISCOURS DE VICTOIRE À LIMA AU PÉROU. PARIS OBTIENT OFFICIELLEMENT L'ORGANISATION DES JEUX 2024.
olympic.org
SIGNE DE LA TOUR EIFFEL
LARMES D'ÉMOTION
E. MACRON
T. ESTANGUET
A. HIDALGO
DÉFENDRE LES VALEURS DE L'OLYMPISME, C'EST AUSSI ŒUVRER POUR PLUS D'ÉQUILIBRE, PLUS DE MULTICULTURALISME !
L'UNANIMISME GAGNE JUSQU'AUX ÉLUS COMMUNISTES.
C'EST À NOUS DE FAIRE DES JEUX POPULAIRES OUVERTS À TOUTES ET À TOUS !
MARIE-GEORGE BUFFET, ANCIENNE MINISTRE DES SPORTS, À L'ASSEMBLÉE NATIONALE, LE 20 DÉCEMBRE.

AINSI PARIS REMPORTE ENFIN LES JEUX.
OBTENIR LES JO N'EST PAS UNE HISTOIRE SIMPLE ! PARIS A EU DE LA CHANCE, IL A BÉNÉFICIÉ D'UN BON ALIGNEMENT DES PLANÈTES !
PATRICK CLASTRES, PROFESSEUR À L'INSTITUT DES SCIENCES DU SPORT DE L'UNIVERSITÉ DE LAUSANNE
24 PARIS
POUR PARIS, IL Y A EU UNE SORTE DE COÏNCIDENCE, UN ALIGNEMENT DES PLANÈTES, AVEC L'ARRIVÉE DE MACRON ET HIDALGO.
JEAN-LOUP CHAPPELET, SPÉCIALISTE DU MANAGEMENT DES ORGANISATIONS SPORTIVES
POUR PARIS, IL FALLAIT UN ALIGNEMENT DES PLANÈTES CAR LE CIO N'AURAIT PAS PRIS LE RISQUE SI LES CONDITIONS N'ÉTAIENT PAS RÉUNIES.
FRÉDÉRIC VIALE, MEMBRE DU COLLECTIF NON AUX JO 2024 À PARIS

PENDANT CE TEMPS-LÀ...
PARIS 2024
PARIS
CLIC
C'EST UN ÉVÈNEMENT HISTORIQUE !
TF1
TONY ESTANGUET
COPRÉSIDENT DU COMITÉ DE CANDIDATURE PARIS 2024
PARIS 2024

... VÊNEMENT HISTORIQUE ! ON RAMÈNE LES JEUX DANS NOTRE PAYS CENT ANS APRÈS LES DERNIERS JEUX D'ÉTÉ !
TONY ESTANGUET
COPRÉSIDENT DU COMITÉ DE CANDIDATURE PARIS 2024
ZAP
CE N'EST PAS SIMPLEMENT PARIS QUI A GAGNÉ, C'EST L'ENSEMBLE DU PAYS QUI S'EST MOBILISÉ AVEC NOUS.
BERNARD LAPASSET
COPRESIDENT DU COMITE DE CANDIDATURE DE PARIS 2024
JE VEUX VOUS DIRE AUJOURD'HUI QUE CETTE VICTOIRE, C'EST LA VÔTRE.
19:59 DIRECT
PARIS DÉCROCHE LES JEUX.
ALERTE INFO Le Comité international olympique a officiellement attribué les Jeux olympiques de 2024 à Paris et ceux de 2028 à Los Angeles.
JO 2024 LES JEUX À PARIS !
ZAP
D'ACCORD, MAIS CELA DIT, EST-CE BIEN RAISONNABLE DANS LE CONTEXTE ÉCONOMIQUE, SOCIAL ET ÉCOLOGIQUE ACTUEL ?
CANAL+
PARIS
L'EVENEMENT
JO: UNE SUPERPRODUCTION DE PRIX
PARIS VA CERTAINEMENT DÉPASSER SON BUDGET !
DIRECT 5
JO À PARIS : VICTOIRE OU CADEAU EMPOISONNÉ ?
C DANS L'AIR
POURQUOI SE RÉJOUIR DE CES JO, SACHANT QUE BEAUCOUP DE VILLES ORGANISATRICES ONT PÂTI FINANCIÈREMENT DE L'ORGANISATION DES JEUX ?
ZAP
LES INFRASTRUCTURES NE SERONT JAMAIS PRÊTES À TEMPS !
PARIS
ATTRIBUTION DES JO-2024
LE COÛT DES JO DE PARIS ESTIMÉ 6,6 MILLIARDS D'EUROS
PARIS JO 2024
FRANCE24.COM
UNE FOIS ENCORE, LA MALÉDICTION DU VAINQUEUR S'ABATTRA SUR PARIS ET C'EST LE CONTRIBUABLE QUI VA PAYER.
LE 12 45
DANIÈLE SIMONET
CONSEILLÈRE DE PARIS, FRANCE INSOUMISE
PRESQUE PERSONNE NE VOULAIT DE CES JEUX !

Il a GAGNÉ...
Maintenant il va devoir... PAYER !
LA MALÉDICTION DU VAINQUEUR
LA MALÉDICTION DU VAINQUEUR, C'EST LA THÈSE DE WLADIMIR ANDREFF SUR LE DÉPASSEMENT SYSTÉMATIQUE DES COÛTS.
TOUT A CHANGÉ AVEC LE MONTANT DU DÉFICIT DES JEUX DE MONTRÉAL EN 1976. 1 MILLIARD DE DOLLARS DONT LA MAJEURE PARTIE FUT ASSUMÉE PAR LES CONTRIBUABLES.
WLADIMIR ANDREFF, PROFESSEUR ET CHERCHEUR EN ÉCONOMIE
À CELA IL FAUT AJOUTER 13 MILLIONS D'EUROS DE DÉFICIT D'EXPLOITATION ANNUEL POUR LA MAINTENANCE DES ÉQUIPEMENTS OLYMPIQUES PENDANT 35 ANS APRÈS LES JEUX.
CONSÉQUENCE DE LA CATASTROPHE FINANCIÈRE DES JO DE MONTRÉAL : L'ANNÉE SUIVANTE, EN 1977, AUCUNE VILLE AU MONDE N'ÉTAIT PLUS INTÉRESSÉE À ORGANISER LES JEUX.
CIO
CHERCHE CANDIDAT
POUR ORGANISER PROCHAINS JEUX OLYMPIQUES
CONDITIONS EXCLUSIVES
N'HÉSITEZ PLUS !
01 40 52 67 53 (DEMANDEZ MICHEL)
ET IL FALLUT QUE LE CIO SOIT CONVAINCANT POUR QUE LOS ANGELES SOIT CANDIDAT (UNIQUE) À ORGANISER CEUX DE 1984.
ALORS : 1. JE NE VEUX RIEN PAYER DE MA POCHE, ON VA FAIRE PAYER DES INVESTISSEURS PRIVÉS (COCA TOUT ÇA). 2. ON NE VA CONSTRUIRE QUE DEUX NOUVELLES INSTALLATIONS SPORTIVES QUES ET UNE PICISNE OLYMPIQUE PAYÉE PAR MCDO TIENS. 3 ON VA FA PÉTER LES DROITS TV 4. ON VA FAI DES DÉCORS EN CARTON PAS CHER, GENRE HOLLYWOOD C'EST «COOL» ET 5. Y A MOYEN QUE TU ME PRÊTES DU FRIC ? M 6. PLEIN SPONSORS 7. ENCOR
J.O. DE LOS ANGELES 1984 :
1. Financés par des investis privés à 100%.
2. Réutiliser les anciennes installations sportives
3. Faire "péter" les droi
4. Construire des dé
CE FUT D'AILLEURS LES JEUX QUI FURENT LES PLUS RENTABLES AVEC 300 MILLIONS DE DOLLARS DE RECETTES.
LA PROCÉDURE EST LA SUIVANTE : TOUS LES QUATRE ANS, LE CIO LANCE UN APPEL À CANDIDATURES AUQUEL PLUSIEURS VILLES RÉPONDENT.
3
2
1

CELLES-CI SE METTENT DE FAIT EN SITUATION DE CONCURRENCE.
IL REVIENT ENSUITE AUX MEMBRES DU CIO DE DÉCIDER DE FAÇON DISCRÉTIONNAIRE ET NON PUBLIQUE DE LA VILLE QUI SEMBLE PROPOSER « LE MEILLEUR PROJET ».
1,5 M$
3 M$
4 M$
4,5 M$
6 M$
$
UNE TELLE PROCÉDURE D'ATTRIBUTION EST UNE **MISE AUX ENCHÈRES**.
CHAQUE FOIS QU'UNE ENCHÈRE PORTE SUR UN OBJET — ICI LE FAIT D'ORGANISER LES JEUX — DONT LA VALEUR ÉCONOMIQUE EST INCERTAINE, LE VAINQUEUR DE L'ENCHÈRE EST CELUI QUI A LE PLUS SURESTIMÉ LA VALEUR DE L'OBJET.
OLYMPIC GAMES 2024
LOT N°2
CIO
3,5 MILLIARDS, QUI DIT MIEUX ?
3,5 MILLIARDS, UNE FOIS.
3,5 MILLIARDS, DEUX FOIS.
4 MILLIARDS À MA GAUCHE. 4 MILLIARDS, QUI DIT MIEUX ?
AINSI IL REMPORTE L'ENCHÈRE, MAIS IL PAIE TROP CHER L'OBJET QU'IL OBTIENT.
FÉLICITATIONS !
MERFI !
LE VAINQUEUR DE L'ENCHÈRE EST LE PERDANT DU POINT DE VUE FINANCIER, EN QUELQUE SORTE IL SE FAIT AVOIR OU IL EST « MAUDIT ».

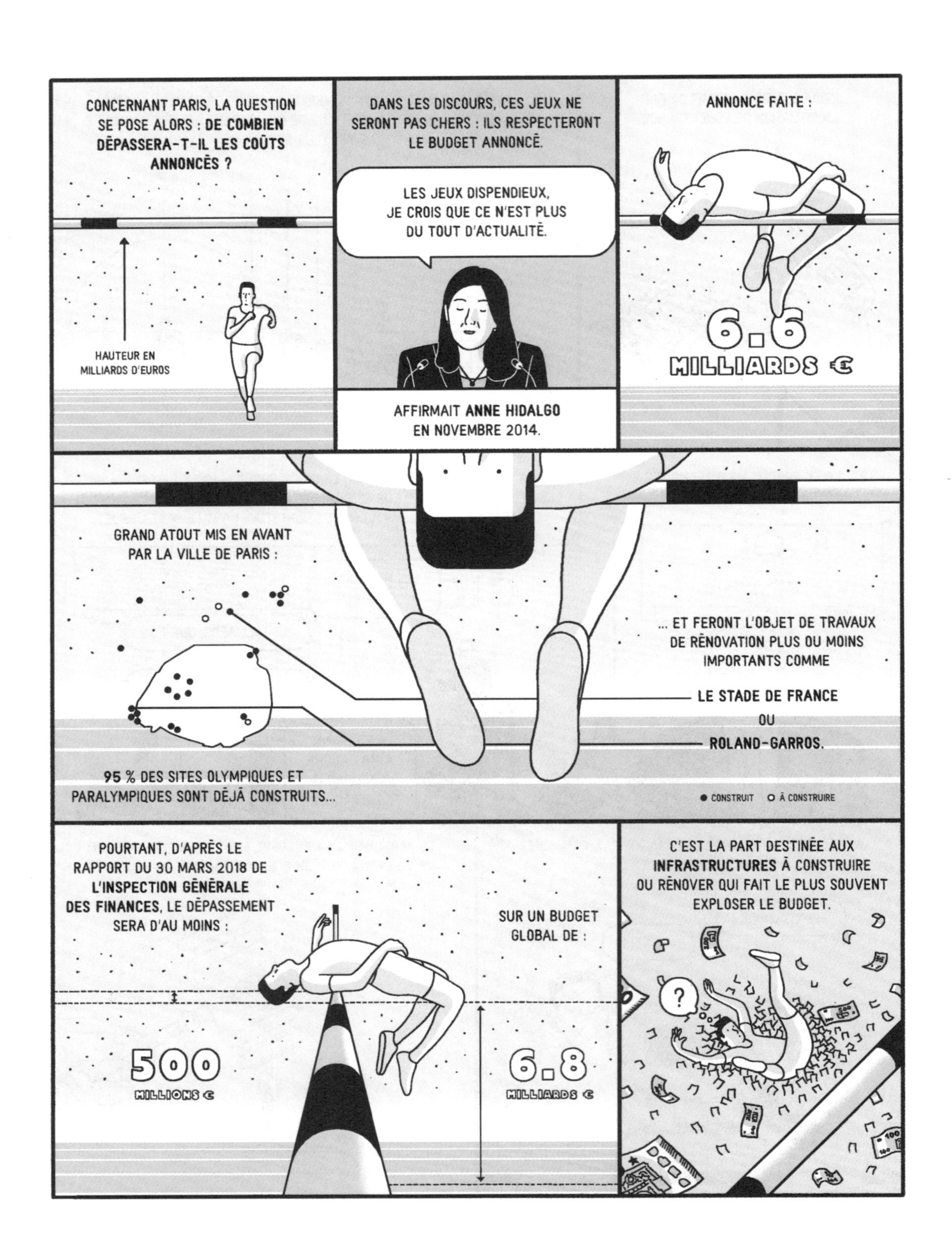
CONCERNANT PARIS, LA QUESTION SE POSE ALORS : **DE COMBIEN DÉPASSERA-T-IL LES COÛTS ANNONCÉS ?**
HAUTEUR EN MILLIARDS D'EUROS
DANS LES DISCOURS, CES JEUX NE SERONT PAS CHERS : ILS RESPECTERONT LE BUDGET ANNONCÉ.
LES JEUX DISPENDIEUX, JE CROIS QUE CE N'EST PLUS DU TOUT D'ACTUALITÉ.
AFFIRMAIT **ANNE HIDALGO** EN NOVEMBRE 2014.
ANNONCE FAITE :
6.6
MILLIARDS €
GRAND ATOUT MIS EN AVANT PAR LA VILLE DE PARIS :
95 % DES SITES OLYMPIQUES ET PARALYMPIQUES SONT DÉJÀ CONSTRUITS...
... ET FERONT L'OBJET DE TRAVAUX DE RÉNOVATION PLUS OU MOINS IMPORTANTS COMME
LE STADE DE FRANCE
OU
ROLAND-GARROS.
CONSTRUIT
À CONSTRUIRE
POURTANT, D'APRÈS LE RAPPORT DU 30 MARS 2018 DE **L'INSPECTION GÉNÉRALE DES FINANCES**, LE DÉPASSEMENT SERA D'AU MOINS :
500
MILLIONS €
SUR UN BUDGET GLOBAL DE :
6.8
MILLIARDS €
C'EST LA PART DESTINÉE AUX **INFRASTRUCTURES** À CONSTRUIRE OU RÉNOVER QUI FAIT LE PLUS SOUVENT EXPLOSER LE BUDGET.
?

*TOUJOURS SELON L'INSPECTION DES FINANCES.

ET LES DÉPENSES
ONT COMMENCÉ BIEN AVANT
LE DÉBUT DES CHANTIERS.
CRONCH
CRONCH
SELON « MEDIAPART », LE SEUL SÉJOUR DE LA DÉLÉGATION FRANÇAISE
DE PARIS 2024 AU PÉROU AURAIT COÛTÉ AU TOTAL
1,5
MILLION €
TRANSPORTS, HÔTELS 5 ÉTOILES,
RESTAURANTS ÉTOILÉS, SOIRÉES...
LE TOUT POUR PLUS DE 200
PERSONNES...
ALORS QUE L'ATTRIBUTION ÉTAIT
DÉJÀ PROBABLEMENT ACTÉE.
L'INQUIÉTUDE DEVANT CETTE
EXPLOSION DES COÛTS ANNONCÉS A
INCITÉ CERTAINES VILLES À FREINER.
+ 500 MILLIONS €
DANS CE MARCHÉ CONCURRENTIEL, TOUT UN
TAS DE VILLES CANDIDATES ONT FINALEMENT
DIT : « STOP, ON N'EN VEUT PAS, C'EST TROP
COÛTEUX, ON A D'AUTRES PRIORITÉS. »
PARIS A BÉNÉFICIÉ
DE CES DÉSISTEMENTS.
JEAN-MICHEL MARMAYOU, JURISTE, PROFESSEUR
DE DROIT, SPÉCIALISTE DU DROIT DES AFFAIRES

LOIN DE CES FOLIES DES GRANDEURS, LES JEUX OLYMPIQUES ÉTAIENT À L'ORIGINE PENSÉS COMME DES JEUX POPULAIRES VÉHICULANT DE BELLES VALEURS SPORTIVES. C'EST EN TOUT CAS L'ESPRIT QU'ESPÉRAIT FAIRE DURER APRÈS LUI **PIERRE DE COUBERTIN** LORSQU'IL LANÇA LES PREMIÈRES OLYMPIADES DE L'ÈRE MODERNE EN **1896 À ATHÈNES**.
DEUX ANS PLUS TÔT, LE **COMITÉ INTERNATIONAL OLYMPIQUE** VOYAIT LE JOUR AVEC POUR OBJECTIF D'ORGANISER TOUS LES QUATRE ANS DES JEUX OLYMPIQUES DANS UNE NOUVELLE VILLE DU MONDE.
DEPUIS CETTE DATE, SA MISSION NE S'EST INTERROMPUE QUE PENDANT LES DEUX GUERRES MONDIALES.

LA STRUCTURE JURIDIQUE DU CIO EST UNIQUE :
UN ESPACE SOCIAL QUI N'EST NI LE DOMAINE PRIVÉ FAMILIAL, NI LE DOMAINE PUBLIC, ET PROJETÉ À L'ÉCHELLE MONDIALE.
LE CIO EST UN CHÂTEAU DE CARTES QUI POURRAIT S'ÉCROULER À TOUT MOMENT.
PATRICK CLASTRES, HISTORIEN
MAIS QUI POURTANT ÉTEND SON EMPIRE.
HISTORIQUEMENT, LE CIO VA SURVIVRE :
D'ABORD EN FLIRTANT AVEC LES SPORTSMEN. IL S'AGIT DE L'ÉLITE COSMOPOLITE, AMBASSADEURS, CHEFS D'ÉTAT, QUI CONSTITUENT LA PETITE DIPLOMATIE DU SPORT DANS LES PAYS OCCIDENTAUX.
PUIS, À PARTIR DES ANNÉES 1960, AVEC L'APPARITION DE LA TÉLÉVISION SUR LE MARCHÉ MONDIAL, LE CIO ENTRE DANS UN PROCESSUS DE MARCHANDISATION.
CELUI-CI S'ACCÉLÈRE EN 1968 AUX JO D'HIVER DE GRENOBLE LORSQUE LA TV COULEUR APPARAÎT.
SONY

C'EST LE DÉBUT DE LA CONSTRUCTION DES JEUX OLYMPIQUES PAR LES MÉDIAS.
LES DOLLARS VONT COULER À FLOTS AU CIO.
EN 1980, L'ARRIVÉE DE
JUAN ANTONIO SAMARANCH À SA TÊTE
RENFORCE CETTE TENDANCE.
LES CONTRATS AVEC LES GRANDS MÉDIAS ET SPONSORS SE MULTIPLIENT.
PHILIPS
Coca-Cola CLASSIC
À CETTE ÉPOQUE, LES ANNEAUX DEVIENNENT UNE MARQUE PROTÉGÉE
COMME LE NOM MÊME DES
JO®
C'EST CE MONOPOLE TOTAL QUI PERMET AU CIO DE SE MAINTENIR ET DE S'ENRICHIR.
LE CIO DEVIENT UN INSTRUMENT D'INFLUENCE QUI TIRE L'ESSENTIEL DE SES REVENUS DES RETRANSMISSIONS TÉLÉVISUELLES DES JEUX.
IL FAIT DÉSORMAIS MONTER LES ENCHÈRES.
POUR 1,3 MILLIARD DE DOLLARS
C'EST LE GROUPE AMÉRICAIN
Discovery COMMUNICATIONS
QUI A ACQUIS LES DROITS DE RETRANSMISSION EN EUROPE
DES JO ENTRE 2018 ET 2024 AUPRÈS DU CIO.

LES DIFFUSEURS FRANÇAIS, DONT
francetélévisions
"VONT DEVOIR PAYER CHER POUR UNE RETRANSMISSION SUR LEURS ANTENNES.
LE DIRECTEUR GÉNÉRAL DE **DISCOVERY FRANCE** AYANT DÉCLARÉ VOULOIR MONTER LES ENCHÈRES À
150 MILLIONS D'EUROS !
I♥$
QU'IMPORTE ! **DELPHINE ERNOTTE**, LA PRÉSIDENTE DE **FRANCE TV**, L'A ANNONCÉ DÉBUT JUIN 2018 :
NOUS FERONS TOUT POUR DIFFUSER LES JO 2024 ET CEUX D'APRÈS.
I♥$
L'ÉVOLUTION MARCHANDE DU CIO, ET DONC DES JEUX OLYMPIQUES EUX-MÊMES, TRANSPARAÎT À TRAVERS L'ÉVOLUTION DE SES LOCAUX, À LAUSANNE, EN SUISSE.
D'UN PETIT HÔTEL PARTICULIER ET **DIX EMPLOYÉS**
C'EST DEVENU UNE GIGANTESQUE INFRASTRUCTURE DE **600 EMPLOYÉS** EN 2018
BIENTÔT REMPLACÉE PAR UN BÂTIMENT "FUTURISTE".
SES SALARIÉS SONT BIEN FORMÉS AU SECRET PROFESSIONNEL.
LORSQU'UN SALARIÉ EST EMBAUCHÉ, IL A DROIT À UNE PETITE VISITE RITUELLE DEVANT LA TOMBE DE **COUBERTIN**, COMME POUR SE RECUEILLIR AVANT DE CONTINUER À MENER LA MERVEILLEUSE ENTREPRISE.
R.I.P

LA PUISSANCE DU CIO DANS SA RELATION AUX VILLES VA S'INCARNER DANS LA CRÉATION D'UN CONTRAT **LÉONIN** SIGNÉ OBLIGATOIREMENT LORS DE TOUTE CANDIDATURE.
COUCOU ! JE SUIS LÉONIN !
CONTRAT DE VILLE HÔTE
LA CLAUSE D'UN CONTRAT EST DITE « LÉONINE » LORSQU'**UNE SEULE DES PARTIES** EN TIRE TOUS LES AVANTAGES.
C'EST UN CONTRAT D'AFFAIRES, ON FAIT DES AFFAIRES, IL Y A DES SOMMES IMPORTANTES SUR LA TABLE.
JEAN-MICHEL MARMAYOU, JURISTE, PROFESSEUR DE DROIT, SPÉCIALISTE DU DROIT DES AFFAIRES
SURTOUT, IL S'AGIT D'UN CONTRAT QUI FAIT SUPPORTER L'ENSEMBLE DES CHARGES À UNE SEULE DES DEUX PARTIES.
EMMANUEL !
CONTRAT DE VILLE HÔTE
CIO
VILLE HÔTE
LORSQU'UNE VILLE EST CANDIDATE, ELLE EST CONTRAINTE D'ACCEPTER L'ENSEMBLE DES CONDITIONS IMPOSÉES PAR LE CIO POUR RESTER DANS LA COURSE.
PLUS VITE !
EN FAIT, LE CIO NE NÉGOCIE RIEN DU TOUT, IL POSE SES EXIGENCES ET LA VILLE Y RÉPOND OU N'Y RÉPOND PAS.
Y A PAS DE PRESSION, PRENDS TON TEMPS.
SIGNATURE : Paris

LES VILLES CANDIDATES ARRIVENT DONC AVEC DES PROPOSITIONS DE PLUS EN PLUS MIROBOLANTES, EXUBÉRANTES.
TORCHE OLYMPIQUE DE SOTCHI DANS LA STATION ISS, 2013.
DES DIZAINES DE MILLIONS D'EUROS SONT PARFOIS ENGAGÉS POUR DES VILLES QUI NE SERONT FINALEMENT PAS CHOISIES.
POUR PARIS, EN 2012, PLUS DE 100 MILLIONS D'EUROS ONT ÉTÉ MIS SUR LA TABLE JUSTE POUR LA PHASE DE CANDIDATURE.
LUC BESSON A MÊME ÉTÉ EMBAUCHÉ POUR TOURNER LE FILM PROMOTIONNEL.
PARIS 2012
L'ART, ÇA COÛTE CHER.
POUR POSTULER, LA VILLE CRÉE UN COMITÉ COMPOSÉ D'UNE ÉQUIPE
DE SPORTIFS
DE POLITIQUES
D'EXPERTS
ET D'ARCHITECTES
PLUS VITE !
CHARGÉS NOTAMMENT DE PAYER DES ÉTUDES
QUI VONT DESSINER LES PLANS DES VILLAGES OLYMPIQUES.
C'EST CE QU'ON APPELLE LE GROUPEMENT D'INTÉRÊT PUBLIC (GIP).
PARIS
Ville candidate
Jeux Olympiques de 2024
EN L'OCCURRENCE, C'EST LE GIP « PARIS 2024 » QUI A PORTÉ FINANCIÈREMENT LA CANDIDATURE ACTUELLE.

LA CANDIDATURE 2024 A COÛTÉ **60 MILLIONS D'EUROS** DIVISÉS ENTRE
FONDS PUBLICS ET FONDS PRIVÉS.
QUINZE ENTREPRISES ONT CHACUNE MIS **2 MILLIONS D'EUROS**. LES DÉPENSES DE CE GROUPEMENT D'INTÉRÊT PUBLIC N'ONT JAMAIS ÉTÉ COMMUNIQUÉES EN DÉTAIL.
ACCORHOTELS
BNP PARIBAS
Caisse des Dépôts
eliorgroup
Time savored
JCDecaux
FDJ
vivendi
LVMH
orange
RATP
LA POSTE
ON NE SAIT PAS COMBIEN A ÉTÉ DONNÉ AUX BOÎTES DE COMMUNICATION NI À DES LEADEURS D'OPINION POUR FAIRE DU LOBBYING.
JACQUES BOUTAULT, MAIRE EELV DU IIE ARR. DE PARIS
CAR AU-DELÀ DES PROMESSES FINANCIÈRES, IL FAUT CRÉER UNE IMAGE QUI TIENT LA ROUTE, FRUIT D'UNE COMMUNICATION BIEN FICELÉE : CELLE DES **ATHLÈTES**.
EN 2008, **ÉTIENNE THOBOIS**, ANCIEN CHAMPION DE BADMINTON,
FONDE LE CABINET DE COMMUNICATION
keneo
sport solutions
LIGUE
RUGBY
ROLAND GARROS
PARIS
FFF
PMU
QUI À LUI SEUL ABSORBE QUASIMENT TOUT LE MARCHÉ ÉVÈNEMENTIEL SPORTIF.

CETTE SOCIÉTÉ EST MANDATÉE EN 2011 PAR LE **COMITÉ OLYMPIQUE FRANÇAIS** POUR ANALYSER LES **DÉFAITES FRANÇAISES** PRÉCÉDENTES.
MAIS POURQUOI ?
Keneo
EH BIEN, TU T'ES TROP CENTRÉ SUR LES TERRITOIRES, DES POLITIQUES TROP PRÉSENTS, UN MANQUE DE LEADERSHIP FLAGRANT, ETC.
AH, D'ACCORD.
C'EST KENEO QUI ÉCRIT NOIR SUR BLANC QUE
LE MOUVEMENT SPORTIF DOIT ÊTRE À L'AVANT-GARDE DE CETTE NOUVELLE CANDIDATURE.
L'INVERSE DE CE QUI AVAIT ÉTÉ FAIT PAR LE PASSÉ.
LE FILM DE CANDIDATURE EN 2012, C'ÉTAIT D'UN **RINGARD** ! ON VOYAIT UN ACCORDÉONISTE AUTOUR DE LA SEINE, LE PARIS VILLE ROMANTIQUE ALORS QUE LES ANGLAIS AVAIENT UN FILM AVEC DES SPORTIFS ISSUS DE L'IMMIGRATION...
ANNEAUX OLYMPIQUES QUI VISITENT PARIS
OUI, BAH, J'AVAIS DEMANDÉ DES VOITURES VOLANTES, MOI...
CETTE FOIS-CI, PARIS SE CONFORME AUX ATTENTES EXPLICITES DU CIO : LE COMITÉ PARIS 2024 CRÉE **UN POOL DE 24 SPORTIFS** CHARGÉS DE REPRÉSENTER LE MOUVEMENT OLYMPIQUE ET PARALYMPIQUE.

DAVID SMÊTANINE, ATHLÈTE DE HAUT NIVEAU, MEMBRE DE L'ÉQUIPE DE FRANCE PARALYMPIQUE DE NATATION, EN FAIT PARTIE.
ON A FAIT APPEL À MOI EN 2015. NOTRE BUT A ÉTÉ DE MOTIVER D'AUTRES ATHLÈTES DE NOS FÉDÉRATIONS RESPECTIVES POUR CRÉER UNE DYNAMIQUE ET METTRE EN AVANT UN MAXIMUM DE SPORTIFS.
IL EST ÉGALEMENT PRÉVU QU'UNE PART DES RETOMBÉES ÉCONOMIQUES BÉNÉFICIE À LA PROMOTION DU SPORT...
TIENS, VA T'ACHETER UN BALLON.
OH, C'EST GENTIL !
POUR AUTANT, LES JEUX SEMBLENT SE FAIRE SUR LE DOS DES SPORTIFS.
C'EST BIEN CE QUE JE ME DISAIS.
T'OCCUPE.
LOIN DES PAILLETTES ET DES MÉDAILLES, UN CHIFFRE EST ÉDIFIANT : **LA MOITIÉ DES ATHLÈTES FRANÇAIS** AYANT PARTICIPÉ AUX JEUX DE RIO VIVENT AVEC **DES REVENUS INFÉRIEURS À 500 € PAR MOIS.**

L'AMOUR DU SPORT
CACHE EN FAIT
DE MOINS NOBLES MOTIVATIONS.
HIDALGO
MACRON
C'EST MON PROJET !
LES JEUX OLYMPIQUES, C'EST D'ABORD UNE QUESTION
D'EGO
POUR LA FRANCE, UN QUATRIÈME ÉCHEC APRÈS LES DÉCONVENUES DE 1992, 2008 ET 2012 ÉTAIT INCONCEVABLE.
JE T'EN FAIS LE SERMENT, LA PROCHAINE FOIS SERA LA BONNE.
ARGENT DES PRÉCÉDENTES CANDIDATURES
MAIS AUSSI
D'AMBITION POLITIQUE
ANNE HIDALGO, QUI S'ÉTAIT PRONONCÉE CONTRE LES JO AU MOMENT DE L'ANNONCE DE LA CANDIDATURE EN 2015, A FAIT VOLTE-FACE.
JAMAIS !
JE NE REFUSERAI !
AVEC LES JO, IL Y A DES GAGNANTS ET DES PERDANTS, ET BIEN SOUVENT LES POLITIQUES SONT LES GAGNANTS.
JEAN-LOUP CHAPPELET, PROFESSEUR DE MANAGEMENT PUBLIC À LAUSANNE

C'EST AUSSI UN ENJEU DE
RAYONNEMENT INTERNATIONAL & TOURISME
L'UN DES PREMIERS ARGUMENTS POUR JUSTIFIER L'ORGANISATION DES JO : L'IMAGE.
POUR PARIS 2024, À LA BASTILLE !
POUR PARIS CEPENDANT, MÊME LES PRO-JO SONT UNANIMES : CE NE PEUT ÊTRE CONVAINCANT, PARIS EST DÉJÀ LA 1RE DESTINATION TOURISTIQUE MONDIALE.
HAINE STATION : BASTILLE PROCHAINE ST
EN REVANCHE, LES JO VONT SURTOUT SERVIR D'ACCÉLÉRATEUR AU GRAND PARIS.
UN PROJET D'AMÉNAGEMENT DÉJÀ EN COURS MAIS QUI EST ASSURÉ DE VOIR LE JOUR ET PLUS RAPIDEMENT GRÂCE AUX JEUX.
POUR PAR... LE GRAND PARIIIIIIIS !
AH OUI ? MAIS, EUH, ET LE SPORT ?
AU FOND, LES JO SERVENT D'ACCÉLÉRATEUR À UN PROCESSUS DE MÉTROPOLISATION.
NON AUX J
PAR 202
FRÉDÉRIC VIALE, MEMBRE DU COLLECTIF NON AUX JO 2024 À PARIS
C'EST AUSSI L'OCCASION DE TRANSFORMER DES ENDROITS PHYSIQUEMENT.
ÇA PERMET D'ENGAGER DES TRANSFORMATIONS PUISSANTES SUR UN TERRITOIRE QUI NE RÉCUPÈRE PAS TOUT LE TEMPS BEAUCOUP D'ARGENT PUBLIC.
FRÉDÉRIC GILLI, DOCTEUR EN ÉCONOMIE, SPÉCIALISTE DES QUESTIONS URBAINES

ON VA AMPLIFIER LE PHÉNOMÈNE DE **GENTRIFICATION**.
À LONDRES, LES LOYERS ONT ÉTÉ **MULTIPLIÉS PAR CINQ**, C'EST UN AUTRE EFFET PERVERS.
MICHEL LARIVE, DÉPUTÉ LA FRANCE INSOUMISE DE L'ARIÈGE (09)
LÀ, CE N'EST PLUS DU SPORT ! LA « PETITE CHOSE » QUE SONT LES JO, C'EST **25 HÔPITAUX** QU'ON POURRAIT CONSTRUIRE EN FRANCE !
JE NE VOYAIS PAS ÇA COMME ÇA…
* CE SYSTÈME SOLAIRE EST FASCINANT…
TANDIS QUE L'ASSEMBLÉE BRUIT D'UNE UNANIMITÉ PRO-JO
JO…
JO…
JO…
JO… JO…
JO… JO… JO… JO…
JO… JO…
QUE DISENT LES CITOYENS ?
LE CIO EXIGE UNE « **CONSULTATION** » POUR OBTENIR LE SOUTIEN DES POPULATIONS, MAIS RIEN N'EN SPÉCIFIE LA FORME.
MERCI AUX FRANÇAIS DE SOUTENIR LES JEUX !
LARMES DE PIPEAU
PAR EXEMPLE, LE « PIPEAU » EST UNE FORME TRÈS APPRÉCIÉE DES POLITIQUES.
PARIS A OPTÉ POUR LE **SONDAGE D'OPINION**, ET NON LE RÉFÉRENDUM. CE CHOIX AVANTAGEAIT LES PARTISANS DE LA CANDIDATURE.
MADAME, CONCERNANT L'ORGANISATION DES JO 2024, **OUI VOUS ÊTES POUR**, OU **NON ÇA NE VOUS DÉRANGE PAS** ?
RENÉ ? RENÉ, C'EST TOI ? ALLÔ, RENÉ ?
JE PRENDS ÇA POUR UN OUI ?
RENÉ ? PETIT COQUIN

EN SEINE-SAINT-DENIS, UN COMITÉ DE VIGILANCE A VU LE JOUR POUR RELAYER LES INQUIÉTUDES DES HABITANTS DE CE TERRITOIRE QUI ACCUEILLERA LES PRINCIPALES INSTALLATIONS DES JO.
ON VEUT ÊTRE DESTINATAIRES DES DOCUMENTS ET PLANS RELATIFS AUX JO, ET NE PAS APPRENDRE LES INFOS PAR LA PRESSE.
PARIS
PISCINE OLYMPIQUE
VILLAGE OLYMPIQUE
STADE DE FRANCE
DES CONCERTATIONS ONT EU LIEU TRÈS TÔT, MAIS ELLES N'ONT PAS FAIT PART DES GROS ENJEUX DE CONSTRUCTION QUI ALLAIENT SE NOUER SOUS NOS YEUX...
ARÈNE DE WATER-POLO
STAND DE TIR
PAVILLON 1
PAVILLON 2
VILLAGE DES MÉDIAS
CENTRE DES MÉDIAS
22 JANVIER 2018 LORS D'UNE RÉUNION PUBLIQUE RÉUNISSANT 120 PERSONNES.
LES PROJETS DE CONSTRUCTION SONT AU CONTRAIRE ANNONCÉS COMME DES CADEAUX AUX HABITANTS.
JOYEUX NOËL !
MERCI, MAIS, EUH, JE N'AVAIS RIEN COMMANDÉ MOI...
UN DISCOURS QUI LAISSE CÉCILE GINTRAC SCEPTIQUE.
ÇA FAIT DES ANNÉES QUE LA SEINE-SAINT-DENIS ATTEND LA RÉNOVATION DE QUATRE DE SES PISCINES INUTILISABLES. EN REVANCHE, IL Y A TOUJOURS DE L'ARGENT POUR LES GRANDS PROJETS...
PISCINE DE MARVILLE
FERMETURE
GÉOGRAPHE ET HABITANTE DE SAINT-DENIS, MEMBRE DU COMITÉ DE VIGILANCE

À UN AUTRE NIVEAU, L'ORGANISATION DES JO POSE DES **QUESTIONS DÉMOCRATIQUES**.
MARIANNE SENS DESSUS DESSOUS
LA LOI OLYMPIQUE DOIT METTRE EN CONFORMITÉ **LE DROIT FRANÇAIS** AVEC **LE CONTRAT VILLE-HÔTE**.
ET VOUS ME CACHEREZ CE SEIN.
LOI OLYMPIQUE
C'EST ELLE QUI PERMET DES ACCÉLÉRATIONS DE **CALENDRIER** CONCERNANT LA **PUBLICITÉ**, LES **PROCÉDURES D'URBANISME** ET DE **LIVRAISON D'INFRASTRUCTURES**.
TIENS, ESSAIE ÇA, TU VAS VOIR, TU VAS ALLER BIEN PLUS VITE !
C'EST UNE **LOI DÉROGATOIRE** QU'ON PEUT QUALIFIER DE **LOI D'EXCEPTION**.
ARRÊTEZ, VOUS ALLEZ ME FAIRE ROUGIR...
LOI OLYMPIQUE
ELLE PERMET AUSSI DES **EXONÉRATIONS D'IMPÔTS** POUR DES **GRANDS GROUPES PRIVÉS** DANS LE VILLAGE OLYMPIQUE.
Coca-Cola
Kellogg's
Nestlé
LOI
LE 15 MARS 2018, ELLE EST VOTÉE À LA QUASI-UNANIMITÉ.
OUI
NON
CETTE LOI OLYMPIQUE EST PARFAITEMENET **ANTIDÉMOCRATIQUE** : ON NOUS DEMANDE D'ÊTRE UNE CHAMBRE D'ENREGISTREMENT DE CE QUI A ÉTÉ PRÉVU ET RÉDIGÉ DANS D'AUTRES LIEUX.
MAIS DEPUIS QUAND ON DICTE LES LOIS AU PARLEMENT FRANÇAIS ? **C'EST UN ORGANISME SPORTIF QUI DICTE LES LOIS !**
MICHEL LARIVE, DÉPUTÉ LA FRANCE INSOUMISE
ASSEMBLÉE NATIONALE

LA FRANCE INSOUMISE VA DÉPOSER DE TRÈS NOMBREUX AMENDEMENTS
AMENDEMENT N°AC02 — Le Droit des bénévoles
La Diffusion publicitaire
AMENDEMENT N°AC03 — Le Droit des travailleurs
AMENDEMENT N°AC25 — Les Impôts locaux
AMENDEMENT N°AC32 — Le Pavoisement
TOUS REJETÉS.
SUR LE PLAN DU DROIT DU TRAVAIL, LES INQUIÉTUDES SONT POURTANT NOMBREUSES, NOURRIES PAR L'EXPÉRIENCE DES PRÉCÉDENTS JEUX.
ALLEZ, LES NAZES, ON S'ACTIVE ! JE VOUS RAPPELLE QUE SEULS LES 3 PREMIERS GAGNERONT QUELQUE CHOSE. ON FAIT COMME LES SPORTIFS !
DES VOIX S'ÉLÈVENT DÉJÀ POUR DÉNONCER LE RECOURS À DES BÉNÉVOLES PLUTÔT QU'À DES TRAVAILLEURS RÉMUNÉRÉS.
PLUS VITE ! PLUS VITE ! MÊME CHOSE. JE VOUS RAPPELLE QU'ON VOUS OFFRE UN TEE-SHIRT, UN BOB ET UN PIN'S OFFICIELS !
PARIS EST DÉJÀ TRANSPARENT SUR LA QUESTION : IL PRÉVOIT DE MOBILISER ENTRE 45 000 ET 70 000 BÉNÉVOLES.
FACE AUX NOMBREUSES DÉFECTIONS, LE CIO A DÉCIDÉ DE CHANGER SA MANIÈRE DE FAIRE EN S'ASSEYANT À UNE TABLE AVEC LES DEUX VILLES FINALISTES.
BON, ON VA FAIRE SIMPLE, VU QU'IL NE RESTE PLUS QUE VOUS DEUX. QUI VEUT 2024 ET QUI VEUT 2028 ?
PAR CONTRE, MOTUS ET BOUCHE COUSUE !
CETTE DOUBLE ATTRIBUTION DES JEUX A DÉCLENCHÉ UNE RÉVOLUTION INTERNE AU SEIN DE LA GROSSE MACHINE QU'EST LE CIO.

EN JUILLET 2018, UNE **RÉFORME DU PROCESSUS DE CANDIDATURE** A ÉTÉ LANCÉE. LES PRINCIPAUX CHANGEMENTS : **RACCOURCIR LA DURÉE** DES CANDIDATURES

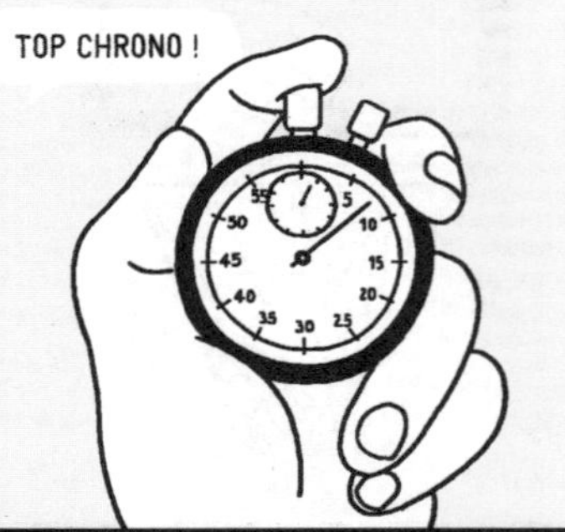

ET PROCÉDER À UNE PHASE DITE « **D'INVITATION** » POUR INCITER ET DONNER AUX VILLES « L'ENVIE » D'ÊTRE CANDIDATES.

Cher Rome,

Vous êtes cordialement invité à organiser les prochains Jeux olympiques, s'il vous plait. Nous pensons que vous êtes la ville idéale et puis aussi la plus jolie. S'il vous plait dites oui. S'il vous plait.

Cordialement,

CETTE NOUVELLE PROCÉDURE SIMPLIFIÉE DOIT ÊTRE **MOINS CHÈRE ET PLUS RAPIDE** : ELLE EST ACTUELLEMENT TESTÉE POUR LES **JEUX D'HIVER 2026**.

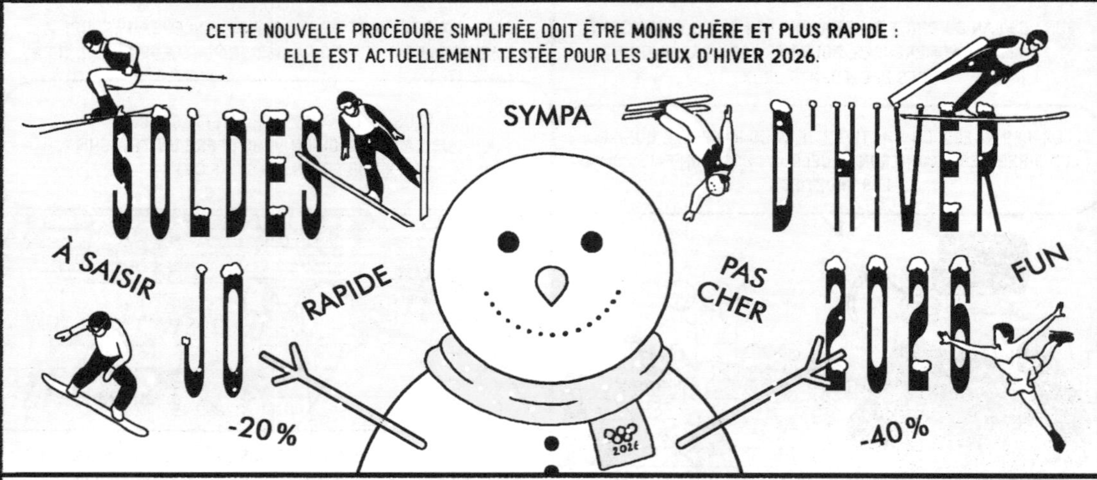

AUTRE OBJECTIF DE CETTE RÉFORME AVANCÉ PAR LE CIO : QUE LES PLANS PROPOSÉS « SOIENT DAVANTAGE ALIGNÉS SUR LES OBJECTIFS DE **DÉVELOPPEMENT LOCAUX, RÉGIONAUX ET NATIONAUX**, ET QU'ILS PERMETTENT DE LES FAIRE AVANCER TOUT EN **LIMITANT LES RÉPERCUSSIONS SUR LES PLANS FINANCIER, OPÉRATIONNEL ET ENVIRONNEMENTAL** ».

RESTE À SAVOIR SI CES INTENTIONS SERONT SUIVIES D'EFFETS.

JEUX DE DUPES

La majorité des épreuves des JO de Paris se dérouleront en Seine-Saint-Denis (93). Retombées économiques, installations flambant neuf : le département le plus pauvre de France se voit promettre monts et merveilles.

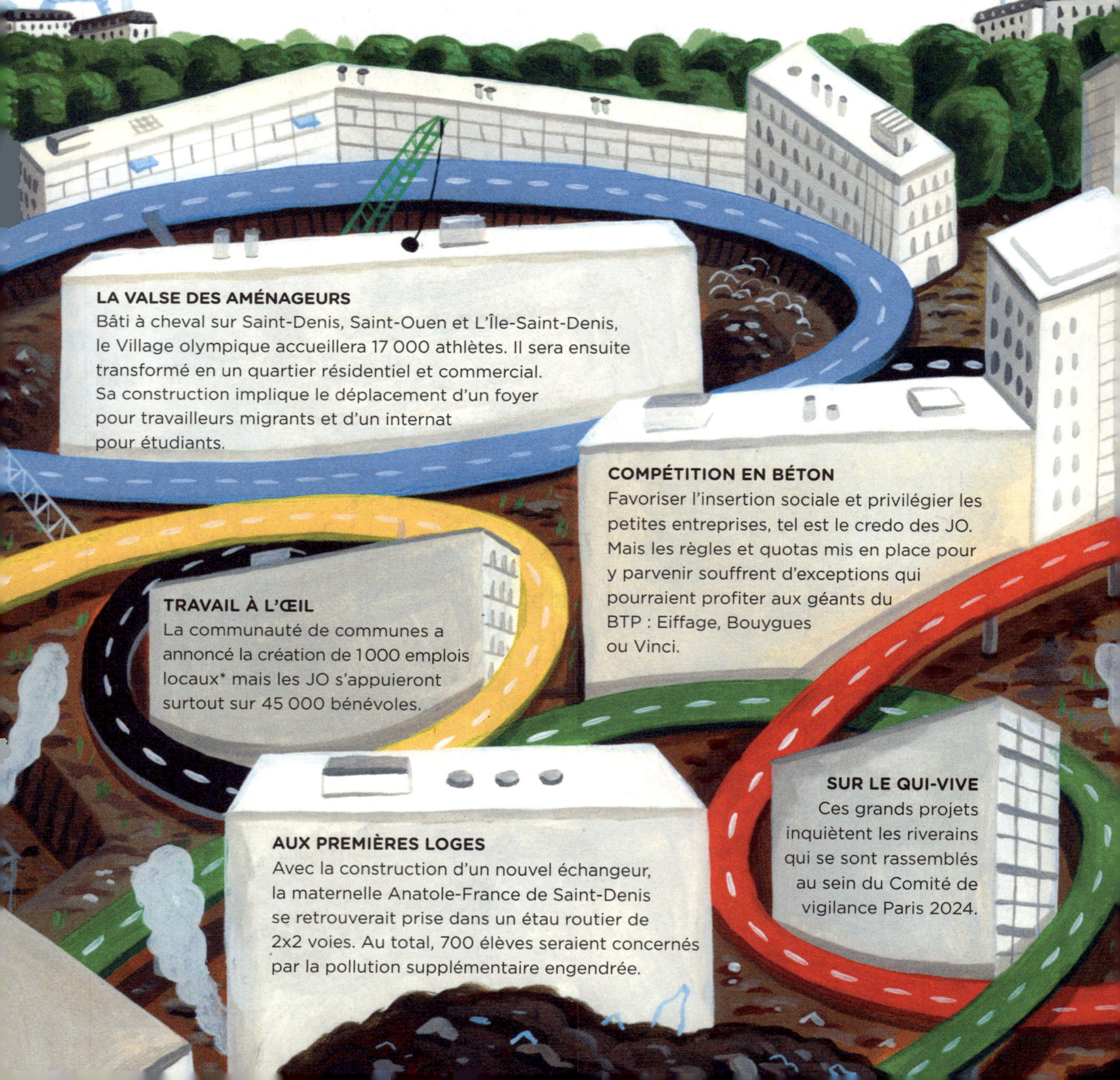

LA VALSE DES AMÉNAGEURS
Bâti à cheval sur Saint-Denis, Saint-Ouen et L'Île-Saint-Denis, le Village olympique accueillera 17 000 athlètes. Il sera ensuite transformé en un quartier résidentiel et commercial. Sa construction implique le déplacement d'un foyer pour travailleurs migrants et d'un internat pour étudiants.

COMPÉTITION EN BÉTON
Favoriser l'insertion sociale et privilégier les petites entreprises, tel est le credo des JO. Mais les règles et quotas mis en place pour y parvenir souffrent d'exceptions qui pourraient profiter aux géants du BTP : Eiffage, Bouygues ou Vinci.

TRAVAIL À L'ŒIL
La communauté de communes a annoncé la création de 1000 emplois locaux* mais les JO s'appuieront surtout sur 45 000 bénévoles.

AUX PREMIÈRES LOGES
Avec la construction d'un nouvel échangeur, la maternelle Anatole-France de Saint-Denis se retrouverait prise dans un étau routier de 2x2 voies. Au total, 700 élèves seraient concernés par la pollution supplémentaire engendrée.

SUR LE QUI-VIVE
Ces grands projets inquiètent les riverains qui se sont rassemblés au sein du Comité de vigilance Paris 2024.

BONS PERDANTS
Les habitants craignent un phénomène de gentrification et une explosion des prix de l'immobilier, même si les immeubles qui sortiront de terre devraient comprendre entre 25 et 40 % de logements sociaux. Quant à la piscine olympique, sa gestion en partenariat public-privé fait redouter des tarifs prohibitifs.

© STEPHANE KEMPINAIRE

Pressée d'être « le plus grand terrain de sport au monde », dès 2017, la Ville de Paris installait une piste d'athlétisme sur la Seine pour la journée olympique.

MUR-MUR
Pour atténuer les nuisances, un mur antibruit sera construit le long de l'A86. Il n'y en aura finalement qu'un seul, contre deux promis initialement.

MAKING-OF

« Opacité, discours officiel, communication ficelée : le CIO se laisse difficilement approcher. Il est quasi impossible de rencontrer des employés actuels. Ceux qui parlent sont des proches ou "experts" dont il faut se méfier. Ces soi-disant conseillers assurant avoir l'oreille des puissants ont pu nous livrer des informations croustillantes qui n'apparaissent pas ici car elles sont impossibles à vérifier. »
Clémentine Méténier et Margot Hemmerich

PLUS VITE, PLUS HAUT, PLUS LOIN ?
En mai 2018, un rapport parlementaire a dénoncé le sous-investissement public devenu structurel dans le 93, qu'il s'agisse des écoles, de la justice ou de la sécurité. Le rapport se montre peu optimiste quant à la capacité des Jeux de provoquer une dynamique positive pour les habitants. Les cinq syndicats majoritaires se sont, eux, déclarés en faveur des JO et ont signé une charte sociale avec le comité d'organisation pour garantir, entre autres, le « travail décent ».

* Le comité d'organisation parle, lui, de 150 000 emplois mobilisés.

DESSIN : PIETER VAN EENOGE

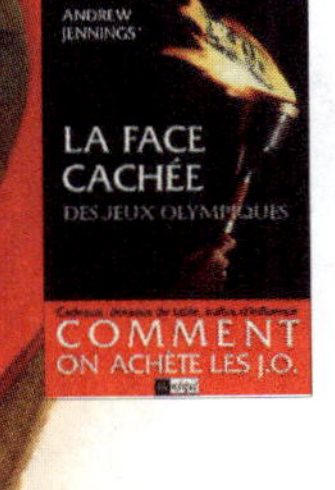

À LIRE

La Face cachée des Jeux olympiques, d'Andrew Jennings. Fruit d'années d'enquête, ce travail dénonce la corruption au sein du CIO. Éd. L'Archipel. (2007)

À VOIR

La Piste des éléphants blancs, de Lourdes Picareta. Une fois la fête terminée, il reste les bâtiments. Tour d'horizon des projets monstres laissés à l'abandon. Arte. (2016)

Le revers de la médaille

Tous les deux ans, une ville se pare d'or, d'argent et de bronze. Mais une fois sportifs et public partis, que deviennent les infrastructures construites à l'occasion des Jeux ? Tour du monde des cimetières olympiques.

Dix milliards d'euros : le budget prévisionnel des Jeux de Rio 2016 se voulait « raisonnable ». Son dépassement rapide n'empêcha pas la multiplication des malfaçons. Pire, à peine six mois après l'extinction de la flamme, de nombreuses infrastructures érigées pour l'occasion tombaient déjà en ruine. Deux ans plus tôt, la Russie avait dépensé 37 milliards d'euros pour les Jeux d'hiver de Sotchi. Et nombre de ses sites avaient connu le même sort. De la piste de bobsleigh de Sarajevo qui accueillit les JO d'hiver en 1984 au bassin des épreuves de canoë des Jeux d'Athènes en 2004, que deviennent les coûteuses installations une fois que les yeux et les caméras s'en détournent ? Faute de public ou d'argent, l'héritage des Jeux est souvent laissé à l'abandon.

Berlin, 1936. **La piscine des célèbres et très politiques « Jeux nazis » a été abandonnée durant des décennies.**

Berlin, 1936. **Le village olympique a accueilli près de 4 000 athlètes durant les Jeux d'été, il a ensuite servi de baraquements à l'armée allemande, puis aux Russes jusqu'en 1992. Un projet de réhabilitation est en cours.**

Athènes, 2004. **La Grèce a doublé son budget initial de 5,3 milliards d'euros pour construire des infrastructures en catastrophe. Beaucoup sont en friche, comme le bassin des épreuves de canoë, ici dix ans après les Jeux.**

Grenoble, 1968. **Depuis plus d'un demi-siècle, le tremplin de saut à skis de Saint-Nizier-du-Moucherotte (38) rouille dans le massif du Vercors. Sa destruction coûterait des millions d'euros, somme exorbitante pour un village d'un peu plus de mille habitants. En 2017, la commune a décidé d'organiser des événements sportifs sur ce vestige des Jeux olympiques d'hiver.**

Sarajevo, 1984. **Sur la piste de bobsleigh des Jeux d'hiver, la nature et les artistes ont repris leurs droits. Si les infrastructures grecques ont souffert de la crise économique sans précédent qui a frappé le pays dès la fin des années 2000, des pans entiers de celles de Sarajevo ont été détruits par la guerre en Bosnie (1992-1995). Sur une courbe de béton encore debout, un grapheur a écrit le mot « espoir ».**

À LIRE

JO : la gloire et la galère, de Peggy Leroy, Julien Nativel et Aymeric Guillot. Rencontre avec ces champions olympiques qui vivent avec moins de 500 euros par mois. **« Complément d'enquête »,** France 2. (2018)

AU NOM DE LA LOI

L'abolition de la peine de mort. Septembre 1981. À la tribune de l'Assemblée nationale, Robert Badinter vient de plaider contre la « justice qui tue ». Les yeux sur le perchoir, l'avocat retient son souffle : « 363 voix "pour" ». La guillotine est mise à mort. C'est la fin d'un combat commencé deux siècles plus tôt…

JEAN-CHRISTOPHE MAZURIE

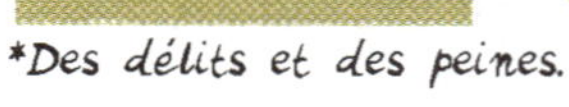
*Des délits et des peines.

DÈS 1730 AVANT J.-C., ON LA TROUVE DANS LE CODE DE HAMMURABI, PREMIÈRE MENTION ÉCRITE CONNUE DE LA LOI DU TALION.

JUSQU'AU XVIIIe SIÈCLE, LA PEINE DE MORT N'EST PAS CONTROVERSÉE.

ON DÉCAPITE LES NOBLES, ON PEND LES AUTRES.

CHÂTIMENT QUE L'ON AGRÉMENTE DE QUELQUES FANTAISIES.

LE LIVRE DE CESARE BECCARIA VA OUVRIR LE DÉBAT SUR L'ABOLITION, QUI S'ÉTENDRA DU SIÈCLE DES LUMIÈRES À AUJOURD'HUI.

AINSI, EN 1791, LA CONSTITUANTE PAR LA VOIX DE ROBESPIERRE, ENTRE AUTRES, PROPOSE DES PEINES DE SUBSTITUTION À LA PEINE CAPITALE.

LA PEINE DE MORT EST MAINTENUE, MAIS LA TORTURE ABOLIE ET DÉSORMAIS LES EXÉCUTIONS PAR DÉCAPITATION SONT GÉNÉRALISÉES.

Guillotine pour tout le monde ! C'est ma tournée !!!

Dis donc, ça va mieux Robi d'un coup !

LE 4 BRUMAIRE DE L'AN IV, LA CONVENTION VA ENCORE PLUS LOIN.

Attendez, il y a une suite au verso : à dater du jour de la publication de la paix générale.

Eh ben ! On était à ça de remettre notre rendez-vous !

TOUTEFOIS, LA PEINE DE MORT EST VRAIMENT ABOLIE POUR LA PREMIÈRE FOIS EN TOSCANE EN 1786 PAR LE GRAND-DUC LÉOPOLD II, FRÈRE DE LA REINE DE FRANCE, MARIE-ANTOINETTE.

EN RUSSIE, ELISABETH I^RE IMPOSE, ELLE, UN MORATOIRE SUR LES EXÉCUTIONS EN 1744.

MAIS EN FRANCE LE CODE PÉNAL DE 1810 COMPORTE ENCORE UNE LONGUE LISTE DE CRIMES PASSIBLES DE LA PEINE CAPITALE.

LES ABOLITIONNISTES NE DÉSARMENT PAS. EN 1829, UN OUVRAGE ANONYME FAIT SENSATION : «LE DERNIER JOUR D'UN CONDAMNÉ».

ON PEUT NOTER QUE, DU XVIIIE AU XXE SIECLE, L'ABOLITION MOBILISERA BEAUCOUP DE NOMS ILLUSTRES.

Dumas, Camus (goal), Hugo (cap.), Leroux, Ferré, Sartre, Sade, Brassens, Diderot, Voltaire, Jaurès.

FAUSSE JOIE POUR VICTOR HUGO EN 1848 : ON ABOLIT DE NOUVEAU LA PEINE DE MORT.

1906. CETTE FOIS, TOUTES LES CONDITIONS SONT RÉUNIES : UN PRÉSIDENT ABOLITIONNISTE, ARMAND FALLIÈRES, ET LA SUPPRESSION DES CRÉDITS DE FONCTIONNEMENT DE LA GUILLOTINE.

MAIS, EN 1907, L'ASSASSINAT D'UNE FILLETTE INDIGNE L'OPINION PUBLIQUE. LE 8 DÉCEMBRE 1908, L'ABOLITION EST REPOUSSÉE.

MAIGRE CONSOLATION POUR LES ABOLITIONNISTES, LES EXÉCUTIONS PUBLIQUES SONT INTERDITES EN 1939.

JUSQU'EN 1981, LES TÊTES PEUVENT CONTINUER À TOMBER.

CETTE ANNÉE D'ÉLECTION, FRANÇOIS MITTERRAND PROMET DE SUPPRIMER LA PEINE CAPITALE S'IL EST ÉLU.

AINSI, LE 30 SEPTEMBRE 1981 À 12 H 50...

MALGRÉ UNE OPINION PUBLIQUE DÉFAVORABLE, LA LOI EST PROMULGUÉE LE 9 OCTOBRE 1981.

AINSI, GERMAINE GODEFROY SERA LA DERNIÈRE FEMME GUILLOTINÉE, EN 1949, HAMIDA DJANDOUBI LE DERNIER HOMME, EN 1977, ET JEAN BASTIEN-THIRY LE DERNIER FUSILLÉ, EN 1963.

DEPUIS 1981, DES REVENDICATIONS SURGISSENT PONCTUELLEMENT POUR LA RÉTABLIR DANS CERTAINS CAS...

Alors là, hyper d'accord avec vous !

Idem pour ceux qui touchent aux rétros ! Tchack !

MÊME SI LA PEINE DE MORT RECULE, EN 2017, 993 EXÉCUTIONS ONT ÉTÉ ENREGISTRÉES DANS 23 PAYS.

30 SEPTEMBRE 1981, 13 HEURES.

jcMazurie/LSussat

Le bingo des animaux

Quand le rhinocéros blanc Sudan a vu le jour en 1973, ses congénères étaient 700. Quarante-cinq ans plus tard, la mort du patriarche a condamné l'espèce. Ce destin est tristement commun. Pétrifié devant la 6e extinction de masse qu'il a lui-même provoquée, l'être humain ne sait pas par où commencer : protéger tel mammifère coûte que coûte ? Laisser mourir tel batracien dans l'indifférence ? S'il se fie à son instinct, les moches, les minuscules, les inutiles risquent fort d'y passer… Mais sur quels critères décider ? Préserver la vie est une bataille, dont dépend aussi l'avenir de l'humanité. Alors, on convoque des techniques de guerre, quitte à jouer à la roulette russe avec la biodiversité.

Anne-Sophie Simpere **Chico**

AU TOTAL,

26 840 ESPÈCES SONT MENACÉES ET CE N'EST QU'UN APERÇU DU DÉSASTRE

SEULES 6 % DES ESPÈCES SONT ÉVALUÉES :

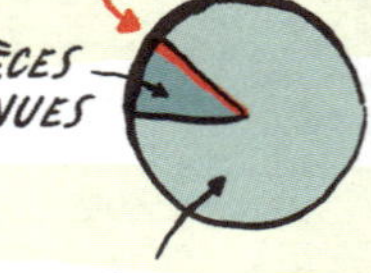

SOURCE : Union internationale pour la conservation de la nature (UICN).

CONFRONTÉS À CETTE HÉCATOMBE, LES ACTEURS DE LA CONSERVATION, EUX, PROLIFÈRENT : ILS SONT POLITIQUES, SCIENTIFIQUES OU MEMBRES D'ASSOCIATIONS. À L'ÉCHELLE LOCALE, NATIONALE OU MONDIALE, ILS SE DÉMÈNENT.
CONVENTION SUR LA DIVERSITÉ BIOLOGIQUE
WWF.
LPO
OPIE
MUSEUM
MINISTÈRE DE L'ÉCOLOGIE
A.S.P.O.
AGENCES RÉGIONALES
OFFICE DES FORÊTS
FNE
CONSERVATOIRE DU LITTORAL
IL FAUT FONCER POUR LA PERRUCHE MAURICE, IL N'EN RESTE PLUS QUE NEUF !
OK ! ON REPÈRE LES ŒUFS, ON PROTÈGE LES NIDS ...
... ET ON LANCE UN PROGRAMME DE REPRODUCTION.
OUI, ET POUR LES AUTRES ?
QU'EST-CE QU'ON FAIT ?
ON A PLUS DE 26 000 ESPÈCES EN DANGER...
SAUVER UNE ESPÈCE PEUT COÛTER CHER :
IL FAUT RECENSER LES DERNIERS SPÉCIMENS...
RESTAURER LES HABITATS,
EMPÊCHER LE BRACONNAGE,
LUTTER CONTRE LES POLLUTIONS...
LA FACTURE GLOBALE D'UN SAUVETAGE DE L'ENSEMBLE DES ESPÈCES SE CHIFFRERAIT EN CENTAINES DE MILLIARDS D'EUROS PAR AN. OR LES ASSOCIATIONS NE LES ONT PAS ET LES ÉTATS NE SONT PAS PRÊTS À CASSER LA TIRELIRE.
MOI, J'AI UNE IDÉE...
VAS-Y, DIS TOUJOURS !
ON N'A PAS LE CHOIX : IL FAUT SÉLECTIONNER.
ON N'EST PAS RENDU...

* UNION INTERNATIONALE POUR LA CONSERVATION DE LA NATURE.

LES ANIMAUX CHARISMATIQUES ONT LES FAVEURS DES ONG CAR ILS FACILITENT LES LEVÉES DE FONDS…

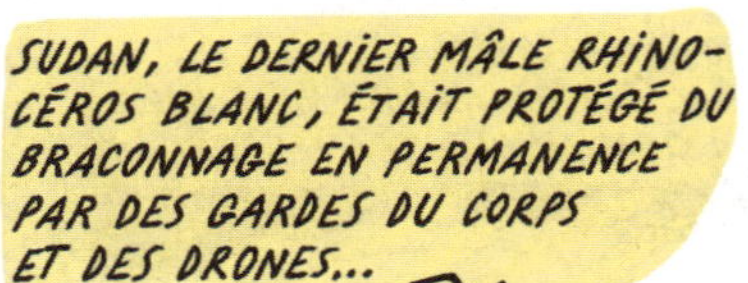

* EN PLUS DE SON ACTION POUR L'ORGANISATION DE PROTECTION DE L'ENVIRONNEMENT (US), IL ENSEIGNE À L'UNIVERSITÉ DE QUEENSLAND EN AUSTRALIE.

EN BIODIVERSITÉ AUSSI LE TRIAGE CONSISTE À SÉLECTIONNER LES ESPÈCES À SAUVER EN PRIORITÉ, EN FONCTION DES MOYENS, DU COÛT DE LA CONSERVATION ET DES CHANCES DE SURVIE.
-MAMMIFÈRES-
-OISEAUX-
-REPTILES/AMPHIBIENS-
AU SUIVANT !
?
REMPLISSEZ CE FORMULAIRE, ON VOUS APPELLERA.
VOUS AVEZ UN STYLO ?
IL EST CENSÉ RATIONALISER LES CHOIX DE CONSERVATION.
LA ROUE TOURNE, ON DIRAIT!
?
LE TRIAGE, C'EST UN PROCESSUS DE DÉCISION RATIONNEL, POUR ALLOUER DES RESSOURCES LIMITÉES LE PLUS EFFICACEMENT POSSIBLE...
C'EST DE LA LOGIQUE. C'EST UNE FORME DE PRIORISATION.
LA FORMULE DE BASE DE POSSINGHAM EST SIMPLE.

1- ON PART DU PRINCIPE QUE TOUTES LES ESPÈCES SONT ÉGALES, ON IDENTIFIE CELLES QUI SONT MENACÉES
BOF...
ÇA VA, LES AMIS ?
2- ON DÉTERMINE ENSUITE LES CHANCES DE SUCCÈS DU SAUVETAGE
J'AI PEUR...
CRRR CRR
80%
3- ON ÉVALUE LE COÛT DES MESURES DE CONSERVATION
?
4- ON OBTIENT UN RATIO « CHANCE DE SUCCÈS/COÛT »
5- CE RATIO PERMET DE CLASSER LES ESPÈCES, POUR EN SAUVER LE PLUS GRAND NOMBRE AVEC UN « BUDGET LIMITÉ »
J'SUIS OÙ, MOI ?
BONNES CHANCES DE RÉUSSITE...
A
80%
=
BINGO
COÛT MODÉRÉ
C
UNE LUEUR D'ESPOIR !
C'EST LA FORMULE DES MARCHÉS MONDIAUX : BÉNÉFICE/COÛT.
C'EST EXACTEMENT LA FORMULE UTILISÉE QUAND ON VA FAIRE DU SHOPPING.
MERCI, PATRON !
HUGH POSSINGHAM

C'EST L'ÉQUATION QU'A CHOISIE LA TASMANIE EN 2010, EN UTILISANT UN PROTOCOLE DE PRIORISATION DES PROJETS POUR SAUVER UN MAXIMUM D'ESPÈCES DANS LES 50 PROCHAINES ANNÉES.
AUSTRALIE
TASMANIE
DANS LE TOP 3 DES ESPÈCES LES MOINS CHÈRES À SAUVER : DEUX PLANTES ET UN ESCARGOT !
MARSH LEEK-ORCHID
BEDDOMEIA FULTONI
PENINSULA EYEBRIGHT
LES ESPÈCES « CHARISMATIQUES » NE SONT PLUS EN HAUT DE LA LISTE...
PRRRTT RUTUDJU PRTUVVÙ
PARDON ?! 167E SUR 171 ?! VOUS PLAISANTEZ, J'ESPÈRE !
TAZ
DIABLE DE TASMANIE
ÇA N'EST QUE JUSTICE !!!
CETTE FORMULE PART DU PRINCIPE QUE TOUTES LES ESPÈCES SONT ÉQUIVALENTES. MAIS CE N'EST PAS LA SEULE APPROCHE POSSIBLE.
ON PEUT AUSSI CHOISIR DE DONNER DES VALEURS DIFFÉRENTES AUX ESPÈCES.
THE NATURE CONSERVANCY
AINSI, LA NOUVELLE-ZÉLANDE FAVORISE LES ESPÈCES ORIGINALES, COMME LE KIWI, UN OISEAU ENDÉMIQUE DONT IL NE RESTE QUE 5 ESPÈCES.
LE KIWI
KIWI
ÇA T'AMUSE, IMBÉCILE ?!
NOUVELLE-ZÉLANDE

DANS LE QUEENSLAND (AUSTRALIE), LA FORMULE DE TRIAGE SE BASE SUR :
1- LE RISQUE D'EXTINCTION
2- LES CHANCES DE SUCCÈS DE CONSERVATION (DÉJÀ VU...)
CRRR CRR
3- LES CONSÉQUENCES DE L'EXTINCTION, QU'ON ÉVALUE D'APRÈS :
A- LA RARETÉ
QUEENSLAND
ICI
B- LE CARACTÈRE ENDÉMIQUE (FRÉQUENT DANS LES ÎLES)
ET C-...
LA VALEUR SOCIALE DE L'ESPÈCE
MAIS COMMENT MESURER CETTE DERNIÈRE ? QUELQUES CRITÈRES POSSIBLES...
AH LÀ LÀ, JE NE LE SENS PAS, CE TRUC-LÀ...

L'UTILITÉ
L'EMBLÈME : LES ABEILLES...
MAIS MÉFIEZ-VOUS...
ÇA SENT LA GRÈVE !
AH ! AH !
ELLES RENDENT UN SERVICE ÉCOLOGIQUE MAJEUR EN POLLINISANT LES PLANTES (ÉVALUÉ ENTRE 2 ET 5 MILLIARDS D'EUROS PAR AN RIEN QUE POUR LA FRANCE).

L'ORIGINALITÉ (TAXONOMIQUE) : L'ÉCHIDNÉ...
JE SUIS PUDIQUE
N'INSISTEZ PAS
MAMMIFÈRE « PONDEUR » POURVU D'UN BEC ET D'UNE POCHE FAÇON KANGOUROU. LE MÂLE POSSÈDE UN PÉNIS À QUATRE TÊTES ET LA FEMELLE N'A QU'UN ORIFICE POUR TOUTES LES FONCTIONS CORPORELLES.

L'ANCIENNETÉ : LE COELACANTHE.
SI J'AVAIS SU...
J'AURAIS TIRÉ MA RÉVÉRENCE PLUS TÔT.
LE PLUS VIEUX POISSON CONNU DU MONDE. UN CONTEMPORAIN DES DINOSAURES. LES DEUX DERNIÈRES ESPÈCES ENCORE PRÉSENTES SONT MENACÉES D'EXTINCTION...

LES DÉCOUVERTES RÉCENTES : LA GRENOUILLE VIOLETTE À NEZ DE PORC.
MA NOUVELLE RECRUE !
CET ANIMAL, QUI PASSE UNE GRANDE PARTIE DE SA VIE SOUS TERRE, N'A ÉTÉ DÉCOUVERT QU'EN 2017, EN INDE.

LA VALEUR SYMBOLIQUE : L'ÉLÉPHANT.
MENACÉ ?
VOUS ÊTES SÛR ?
PRÉSENT DANS NOS IMAGINAIRES, COMME SOPHIE LA GIRAFE OU LE ROI LION, IL A UNE VALEUR AFFECTIVE.

L' « EFFET PARAPLUIE » : LA LOUTRE.
AVANT, ON ÉTAIT « NUISIBLES »
COMME QUOI...
PROTÉGER LA LOUTRE, C'EST PRÉSERVER SON HABITAT, DONC AUSSI LES ESPÈCES QUI Y VIVENT.

LES MEILLEURES ESPÈCES PARAPLUIES SONT CELLES QUI OCCUPENT LE TERRITOIRE LE PLUS VASTE ET LE PLUS VARIÉ.
PAR EXEMPLE, LE TERRITOIRE DE LA LOUTRE S'ÉTEND SUR 12 À 15 KM DE RIVES OU 20 À 30 KM² DE MARAIS...

LA PROTECTION DE CE TERRITOIRE BÉNÉFICIE AUSSI AUX ESPÈCES MOINS « CHARISMATIQUES »...
BROCHET
MULETTE PERLIÈRE
GRENOUILLE DES CHAMPS
DÉESSE PRÉCIEUSE
VISON D'EUROPE
CASTOR

VOUS POUVEZ ÉVALUER LES ESPÈCES SELON LES CRITÈRES QUE VOUS VOULEZ.
HUGH POSSINGHAM

JE PENSE JUSTE QUE CES CRITÈRES DOIVENT ÊTRE TRANSPARENTS ET RATIONNELS.

IL Y A BEAUCOUP DE DÉCISIONS IRRATIONNELLES DANS CE DOMAINE, QU'ON NE PEUT PAS JUSTIFIER.

UNE ÉTUDE DE 2011 INDIQUAIT QUE 60 % DES SCIENTIFIQUES INTERROGÉS ÉTAIENT PLUTÔT FAVORABLES À DES FORMES DE TRIAGE, MAIS LE PRINCIPE RENCONTRE AUSSI BEAUCOUP D'OPPOSITION...
ÇA POSE UN PROBLÈME ÉTHIQUE. POUR NOUS, CHAQUE ESPÈCE A UNE VALEUR EN SOI ET MÉRITE D'ÊTRE SAUVÉE.
EN FRANCE, ON N'APPELLE PAS ÇA DU TRIAGE MAIS DE LA PRIORISATION.
H.POSSINGHAM
F. KIRCHNER
LE MOT «TRIAGE» POSE PROBLÈME, MAIS C'EST LA MÊME CHOSE QUE LA PRIORISATION. «TRIAGE» MET L'ACCENT SUR LES ESPÈCES QU'ON ABANDONNE, ET «PRIORISATION» SUR LES ESPÈCES QU'ON PRIVILÉGIE.
EN PLUS, ÇA ME PARAÎT IMPOSSIBLE À METTRE EN PRATIQUE...
QUELLE AUTORITÉ AURAIT À DÉCIDER DES CRITÈRES POUR CLASSER LES ESPÈCES ? IL Y A TROP D'ACTEURS. LA CONSERVATION NE FONCTIONNE PAS DE MANIÈRE VERTICALE.
ET PUIS, JE NE SUIS PAS CONVAINCU QU'ON PUISSE SE METTRE D'ACCORD SUR UNE MÉTHODE ET DES CRITÈRES POUR CLASSER LES ESPÈCES...
J'IMAGINE QUE VOUS POUVEZ DISCUTER LÀ-DESSUS PENDANT LONGTEMPS, CAR LA FRANCE A PLUS DE PHILOSOPHES AU MÈTRE CARRÉ QUE N'IMPORTE QUEL PAYS.
MAIS SI VOUS NE DÉCIDEZ PAS, VOUS RISQUEZ DE CONTINUER À PERDRE BEAUCOUP D'ESPÈCES.

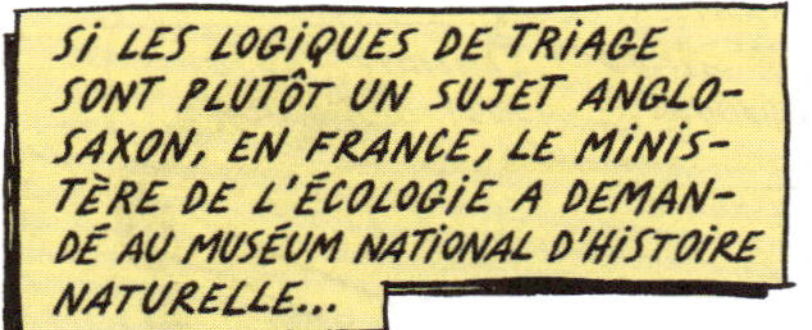

UNE LISTE HIÉRARCHISÉE D'ESPÈCES POUR LA CONSERVATION.

LES PLANS D'ACTIONS (PNA) SE MULTIPLIAIENT, LE MINISTÈRE (QUI LES FINANCE) A DEMANDÉ DE RATIONALISER TOUT ÇA...

LES CRITÈRES RETENUS PAR LE MUSÉUM POUR ÉTABLIR CETTE LISTE HIÉRARCHISÉE D'ESPÈCES SONT :

1- LA VULNÉRABILITÉ DE L'ESPÈCE (= DEGRÉ DE MENACE)

2- LA RESPONSABILITÉ DE LA FRANCE (TRÈS IMPORTANT DANS LE CAS D'UNE ESPÈCE ENDÉMIQUE)

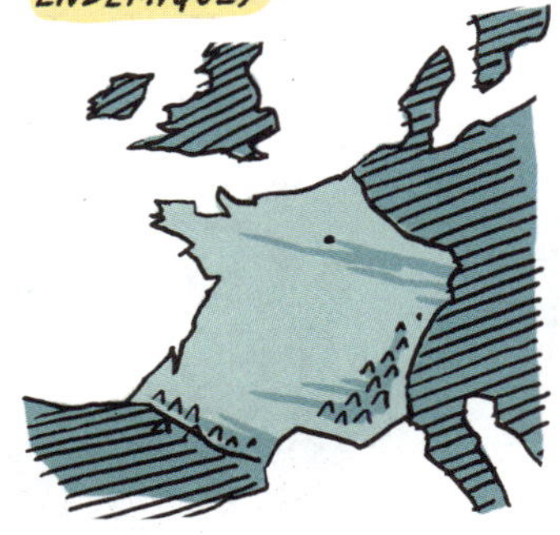

MOLÉCULE D'ADN

3- L'ORIGINALITÉ « TAXONOMIQUE » (LA PLACE DE CHAQUE ESPÈCE DANS L'ARBRE DU VIVANT)

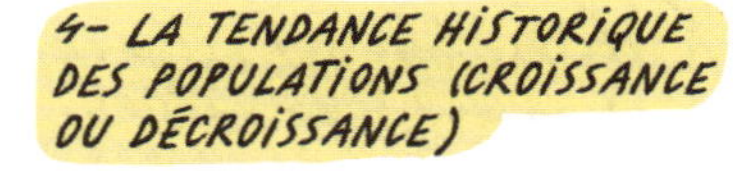

EN FRANCE, LE COÛT DES MESURES DE PROTECTION N'ENTRE PAS EN LIGNE DE COMPTE. DIFFÉRENCE DE TAILLE, CAR LE FACTEUR ÉCONOMIQUE PEUT AMENER À FAIRE DES CHOIX DE SAUVETAGE D'ESPÈCES RADICALEMENT DIFFÉRENTS :

PAR EXEMPLE :

1) SOIT RENONCER AUX BÉNÉFICES DU PÉTROLE CANADIEN.

2) SOIT RÉDUIRE LA POPULATION DE LOUPS...

ALORS, LE SAUVETAGE DU CARIBOU SE FERA PROBABLEMENT AUX DÉPENS DU LOUP...

AU-DELÀ DU TRIAGE, JE ME BATS POUR OBTENIR PLUS D'ARGENT ET DE RESSOURCES POUR LA BIODIVERSITÉ...
DANS LES PAYS QUI ONT PEU DE MOYENS, JE VEUX FAIRE LE MIEUX POSSIBLE AVEC LE PEU D'ARGENT QU'ON A.
L'EUROPE OU LES ÉTATS-UNIS SONT TRÈS RICHES AVEC MOINS DE BIODIVERSITÉ QUE DES PAYS COMME L'AUSTRALIE.
CES RÉGIONS ONT LES MOYENS DE SAUVER TOUTES LEURS ESPÈCES, DONC JE NE PENSE PAS QU'IL Y AIT BESOIN DE TRIAGE...
MAIS MÊME DANS LES PAYS RICHES, LA CONSERVATION DES ESPÈCES N'EST PAS TOUJOURS UNE PRIORITÉ POLITIQUE.
J'AI DÉJÀ ASSEZ D'EMMERDES AVEC LES MEXICAINS...
VIVA MEXICO!!
DONALD TRUMP ET SON MUR
ON NE PEUT PAS SE CONTENTER DE DIRE QU'ON N'A PAS ASSEZ DE MOYENS POUR TOUT SAUVER...
FLORIAN KIRCHNER
IL FAUT AUSSI ARRÊTER DE DÉTRUIRE ET DE POUSSER LES ESPÈCES À L'EXTINCTION.
EN L'ESPACE DE DOUZE ANS SEULEMENT, LA PÊCHE INDUSTRIELLE DU SQUALE CHAGRIN A TUÉ 70 % DE LA POPULATION DE CETTE ESPÈCE...

TOUT EST À RÉINVENTER...
L'AGRICULTURE, BIEN SÛR. AVEC NOS CHAMPS ÉNORMES, SANS HAIES, MÊME LES OISEAUX COMMUNS SONT EN TRAIN DE DÉCLINER.
PLAINE DE LA BEAUCE

L'AMÉNAGEMENT DU TERRITOIRE AUSSI : IL FAUT FAIRE LES CHOSES PLUS INTELLIGEMMENT, MESURER L'IMPACT DE NOS ACTIVITÉS SUR LA NATURE POUR NE PLUS AVOIR À INTERVENIR EN URGENCE APRÈS L'AVOIR PRATIQUEMENT DÉTRUITE.
ZONE INDUSTRIELLE DE CAEN

CAR SUR LES CHAMPS DE BATAILLE, LE MOYEN LE PLUS SÛR POUR NE PLUS AVOIR À PRATIQUER LE TRIAGE CONSISTE À ARRÊTER LA GUERRE.
FIN

LE CACHE-CACHE DES RESCAPÉS

À quel moment décrète-t-on qu'une espèce a disparu ? Hormis pour quelques animaux « stars » gardés dans des réserves, on constate rarement la mort des derniers individus. Pièges, caméras, drones : un arsenal est déployé pour suivre le destin des espèces, mais certaines disparitions passent sous les radars.

LES MIRACULÉS

Il y a extinction quand *« il n'y a plus de doute raisonnable sur le fait que le dernier individu a disparu »*, selon l'Union internationale pour la conservation de la nature (UICN). Mais il arrive que certaines espèces que l'on pensait disparues réapparaissent. En Équateur, la grenouille *Hyloxalus jacobuspetersi* n'avait pas été vue depuis 1989. En 2007, un randonneur repère un spécimen et prend une photo. Les chercheurs sont formels : l'*Hyloxalus jacobuspetersi* a survécu ! Recluse sur un petit espace ayant échappé au développement urbain, cette grenouille miraculée reste extrêmement menacée.

LES CONDAMNÉS

Considérer une espèce comme éteinte n'est pas une décision à prendre à la légère, puisqu'elle implique la fin des mesures de protection. Une annonce prématurée et erronée peut donc précipiter la disparition des derniers représentants.

LES PLANQUÉS

En 2017, l'ONG Global Wildlife Conservation lance une initiative pour envoyer des expéditions scientifiques en quête des 25 espèces *« les plus recherchées »*. Pas encore déclarées éteintes, elles n'ont pas été vues depuis des décennies et, selon l'ONG, leur charisme offre des opportunités pour la conservation. La salamandre de Jackson, l'abeille de Wallace et la tortue géante de l'île Fernandina aux Galapagos auraient ainsi déjà été retrouvées.

© LHOTÉ / ANDIA.FR

Le fennec figure sur la liste des espèces protégées. Un tiers de la biodiversité risque de disparaître, alors que 80 % n'a pas encore été décrite : une course contre la montre est lancée pour les naturalistes.

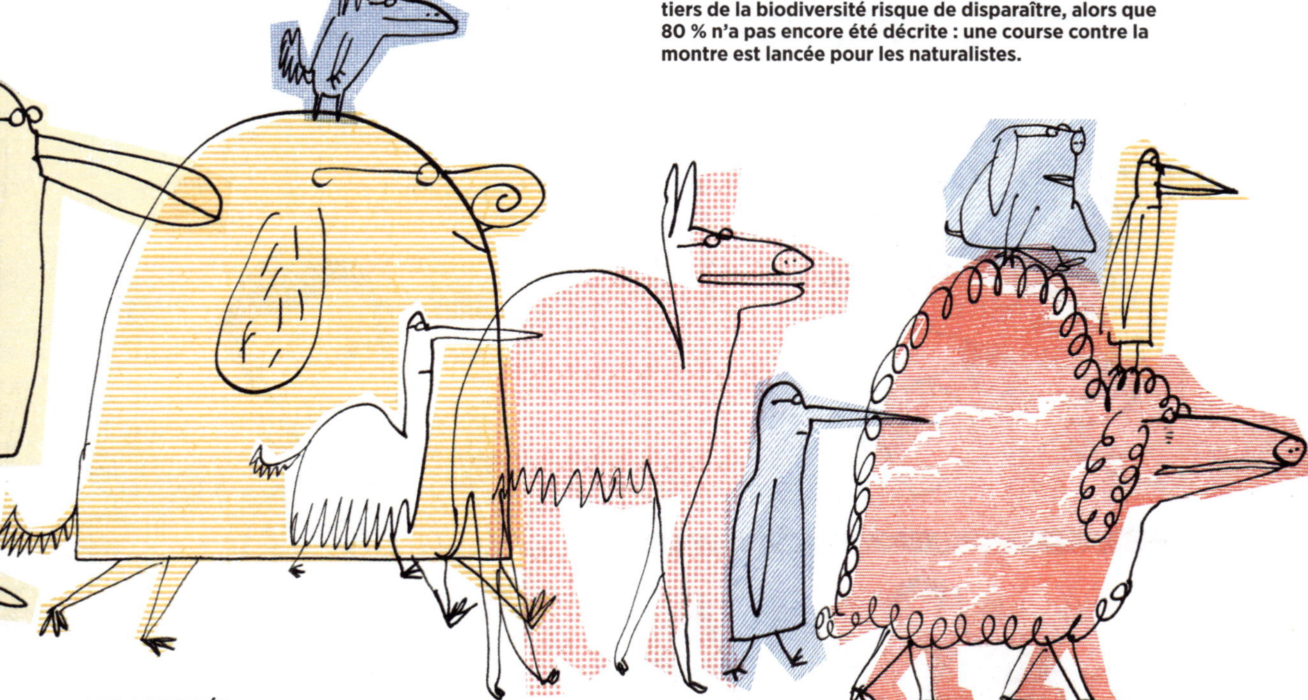

LES IGNORÉS

Certaines expéditions consistent à identifier les espèces que l'on ne connaît pas encore. C'est l'objet du programme « La planète revisitée » du Muséum national d'Histoire naturelle de Paris, largement dédié à la biodiversité négligée, il s'intéresse, par exemple, aux mollusques, crustacés, plantes et champignons...

À LIRE

La 6e Extinction : comment l'homme détruit la vie,
d'Elizabeth Kolbert.
Une enquête récompensée par le prix Pulitzer.
Éd. Librairie Vuibert. (2015)

DESSIN : SERGE BLOCH

Face B

Boris Vian. L'auteur de *L'Arrache-cœur* savait le sien fragile. Alors, il a vécu vite. Au rythme de l'écriture, le dandy touche-à-tout a ajouté les battements de la musique. Figure du jazz et prolifique parolier, ses chansons, écrites comme des histoires, sont parfois aussi subversives que *J'irai cracher sur vos tombes*.

ARNAUD LE GOUËFFLEC   NICOLAS MOOG

PASSIONNÉ, IL ASSISTE, TÉTANISÉ, AU CONCERT DE DUKE ELLINGTON AU PALAIS DE CHAILLOT EN 1939 ET ADHÈRE AU HOT-CLUB DE FRANCE, ASSOCIATION QUI CHERCHE À PROMOUVOIR LE JAZZ DANS L'HEXAGONE.

LA GUERRE SURVIENT.
EN RAISON DE SES PROBLÈMES CARDIAQUES, BORIS N'EST PAS MOBILISÉ. IL INTÈGRE L'ÉCOLE CENTRALE ET DEVIENT INGÉNIEUR, SE MARIE AVEC MICHELLE LÉGLISE EN 1941, ET A UN FILS, PATRICK VIAN (FUTUR LEADEUR DU GROUPE DADAÏSTE ANARCHISTE RED NOISE)...

... ET IL INTÈGRE L'ORCHESTRE DE JAZZ DE CLAUDE ABADIE, REBAPTISÉ ORCHESTRE ABADIE-VIAN, CONSIDÉRÉ COMME UN DES MEILLEURS GROUPES DE JAZZ AMATEUR DE L'ÉPOQUE.

IL FRÉQUENTE LES ZAZOUS JEUNES FANS DE MUSIQUE NOIRE, AMATEURS D'EXCENTRICITÉS VESTIMENTAIRES, DE LÉGÈRETÉ ET DE FANTAISIE.

LA CHANSON FRANÇAISE EST ALORS BOUSCULÉE PAR LE SWING ET CHARLES TRENET FAIT DU SCAT * AVEC LA LANGUE DE MOLIÈRE.

AH QU'IL EST BEAU LE DÉBIT DE LAIT, S'IL EST UN DÉBIT BEAU, C'EST BIEN LE BEAU DÉBIT DE LAIT.

* TECHNIQUE DE CHANT PROPRE AU JAZZ JOUANT SUR LES ALLITÉRATIONS ET LES ASSONANCES.

SURTOUT, BORIS ÉCRIT, SEUL OU AVEC SA FEMME, DES SCÉNARIOS DE FILMS, DES SAYNÈTES DE THÉÂTRE ET SES PREMIERS ROMANS. SA CARRIÈRE LITTÉRAIRE SE CONSTRUIT SOUS L'AILE DE RAYMOND QUENEAU, PUIS DE SIMONE DE BEAUVOIR OU DE JEAN-PAUL SARTRE.

MAIS ENTRE PETITES VICTOIRES ET GROSSES DÉCEPTIONS, LE CHEMIN EST RUDE ET L'INDIFFÉRENCE TENACE.

SON UNIVERS EST PÉTRI DE FANTAISIE, D'ONIRISME ET MARQUÉ PAR LE SURRÉALISME. UNE DE SES MARQUES DE FABRIQUE : LE GOÛT DES MACHINES INSENSÉES ET DES INVENTIONS VERBALES.

INGÉNIEUR LE JOUR, IL EST TROMPETTE LA NUIT AU TABOU, UN NOUVEAU CLUB À SAINT-GERMAIN-DES-PRÉS, MECQUE DES NOCTAMBULES ...ET DES EXISTENTIALISTES.

IL ÉCRIT POUR UN CERTAIN HENRI SALVADOR LES PAROLES DE «C'EST LE BE-BOP». C'EST SA PREMIÈRE CHANSON ENREGISTRÉE...

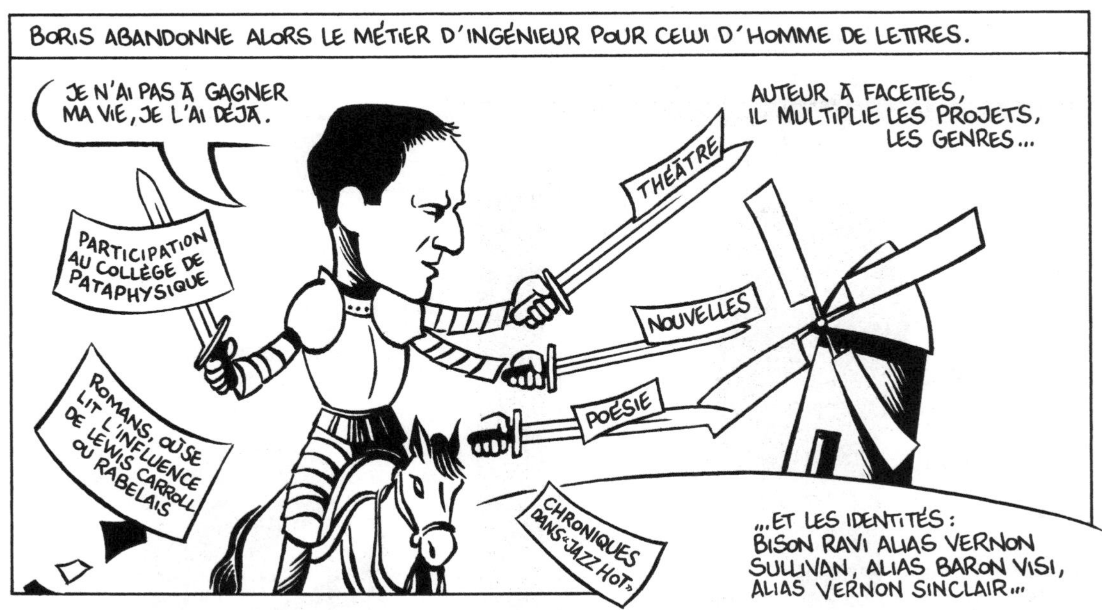
BORIS ABANDONNE ALORS LE MÉTIER D'INGÉNIEUR POUR CELUI D'HOMME DE LETTRES.
JE N'AI PAS À GAGNER MA VIE, JE L'AI DÉJÀ.
AUTEUR À FACETTES, IL MULTIPLIE LES PROJETS, LES GENRES...
THÉÂTRE
PARTICIPATION AU COLLÈGE DE PATAPHYSIQUE
NOUVELLES
POÉSIE
ROMANS, OÙ SE LIT L'INFLUENCE DE LEWIS CARROLL OU RABELAIS
CHRONIQUES DANS "JAZZ HOT"
...ET LES IDENTITÉS : BISON RAVI ALIAS VERNON SULLIVAN, ALIAS BARON VISI, ALIAS VERNON SINCLAIR...

MAIS LE VIRAGE DES ANNÉES 1950 LE TROUVE EN PLEINE CRISE FINANCIÈRE ET CONJUGALE...
URSULA KÜBLER, NOUVELLE FEMME DE SA VIE.
VOUS DEVEZ ARRÊTER DE JOUER DE LA TROMPETTE.
ÉDITEUR
VOS VENTES SONT QUASI NULLES !

... ALORS IL VA SE TOURNER VERS LA CHANSON.
VOS CHANSONS SONT ORIGINALES ET MERVEILLEUSEMENT BIEN ÉCRITES.
JIMMY WALTER
JACQUES CANETTI, IMPRESARIO

BORIS VIAN GRAVE DANS LA CIRE HUIT TITRES SUR DEUX 45-TOURS : « CHANSONS POSSIBLES » ET « CHANSONS IMPOSSIBLES ».

DES CONCERTS SONT ANNULÉS. À PERROS-GUIREC, UN COMMANDO D'ANCIENS COMBATTANTS VEUT L'EMPÊCHER DE CHANTER.

COPYRIGHT WILLY RONIS

BORIS VIAN ÉCRIT SES CHANSONS COMME À SON HABITUDE, SANS FREIN.

COMBIEN ?
LES AVIS DIVERGENT : 500, 600...

ELLES MÊLENT DÉRISION ET HUMOUR NOIR, VOIRE DÉSESPÉRÉ, ANTIMILITARISME VISCÉRAL, POÉSIE DÉCALÉE, ÉMOTION À FLEUR DE PEAU...

...ET UN GOÛT POUR LES PERSONNAGES.

En 1956, avec Michel Legrand et Henri Salvador, il se lance dans la création de morceaux Rock'n'Roll en français, ouvertement parodiques...

... et cosigne avec l'arrangeur Alain Goraguer une série de rocks furieusement érotiques pour Magali Noël.

Boris, victime d'une crise d'œdème pulmonaire et épuisé, interrompt son tour de chant. Mais ses chansons continuent de vivre grâce à ses nombreux interprètes.

NOMMÉ DIRECTEUR ARTISTIQUE CHEZ PHILIPS, BORIS VIAN PUBLIE EN 1958 UN ESSAI AU VITRIOL SUR LE MONDE DE LA CHANSON : « EN AVANT LA ZIZIQUE... ET PAR ICI LES GROS SOUS ».

CHRONIQUEUR, IL SALUE LE PREMIER DISQUE D'UN INCONNU NOMMÉ SERGE GAINSBOURG.

LE 23 JUIN 1959, IL MEURT À 39 ANS D'UNE ATTAQUE CARDIAQUE TANDIS QU'IL ASSISTE À UNE PROJECTION PRIVÉE D'UNE ADAPTATION, QU'IL N'APPROUVE PAS, DE SON ROMAN « J'IRAI CRACHER SUR VOS TOMBES ».

BORIS VIAN, C'EST AVANT TOUT LA MODERNITÉ. ALORS QUE L'ON VIT TOUJOURS DANS DES CARCANS DISCIPLINAIRES HÉRITÉS DES SIÈCLES PASSÉS, IL EST L'UN DES PREMIERS AUTEURS MULTIMÉDIAS, NE S'INTERDISANT AUCUN CHAMP DE CRÉATION, NI AUCUN GENRE LITTÉRAIRE.

MOI, PAREIL.

C'EST AUSSI UN AUTEUR, LARGEMENT INCOMPRIS DE SON VIVANT, DONT LES PRINCIPAUX ROMANS N'AURONT DE SUCCÈS QU'À TITRE POSTHUME.
LES ÉDITIONS GALLIMARD, QUI L'AVAIENT LÂCHÉ, LE PUBLIENT DANS LA PLÉIADE... EN 2010.

... UN CRÉATEUR DONT L'UNIVERS, DÉCLINÉ AVEC VERTIGE SUR TANT DE SUPPORTS DIVERS, FRAPPE POURTANT PAR LA COHÉRENCE DE SA POÉSIE...

... ET LE PIONNIER DU ROCK 'N' ROLL EN FRANCE !

IL S'EN MOQUAIT, LE PARODIAIT, ET POURTANT IL AVAIT TOUT COMPRIS : BORIS VIAN EST LE PREMIER ROCKEUR FRANÇAIS !

GILLES VERLANT, CRITIQUE.

MARCHE À L'OMBRE

Annonce : cellules à louer. Contact : administration pénitentiaire des Pays-Bas. Après avoir massivement développé des alternatives à la prison, les Néerlandais se sont retrouvés avec des établissements carcéraux sur les bras. Pour rentrer dans leurs frais, ils ont d'abord loué ces bâtisses entourées de barbelés à leurs voisins norvégiens et suédois. Mais voilà, dans ces pays aussi la population de prisonniers décroît. Que faire alors des geôles abandonnées ? Les fermer ou les reconvertir en HLM ? La France, elle, ne connaît pas ce dilemme : la prison reste la peine la plus prononcée dans les tribunaux, car, dans la tête des juges et des décideurs, crimes et châtiments vont toujours de pair.

LAURE ANELLI **ALEXANDRE KHA**

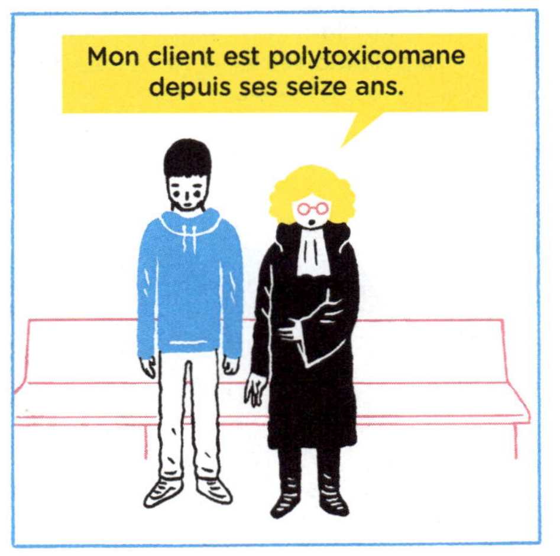

* Le prénom a été modifié.

Il n'a pas d'emploi. S'il trafique, c'est uniquement pour payer sa consommation personnelle.

Il a déjà connu la prison. Et ça ne l'a pas vraiment aidé.

Jérôme est condamné à deux ans de prison.

Dont un an ferme.

Le soir même, il dormira en cellule.

Comme lui, 38 % des personnes incarcérées depuis moins de six mois souffrent d'une addiction à une substance illicite.

Comme lui, la majorité des détenus sont des hommes, jeunes et issus de milieux défavorisés.

L'incarcération étant la peine la plus prononcée par les juges, les prisons sont surpeuplées.

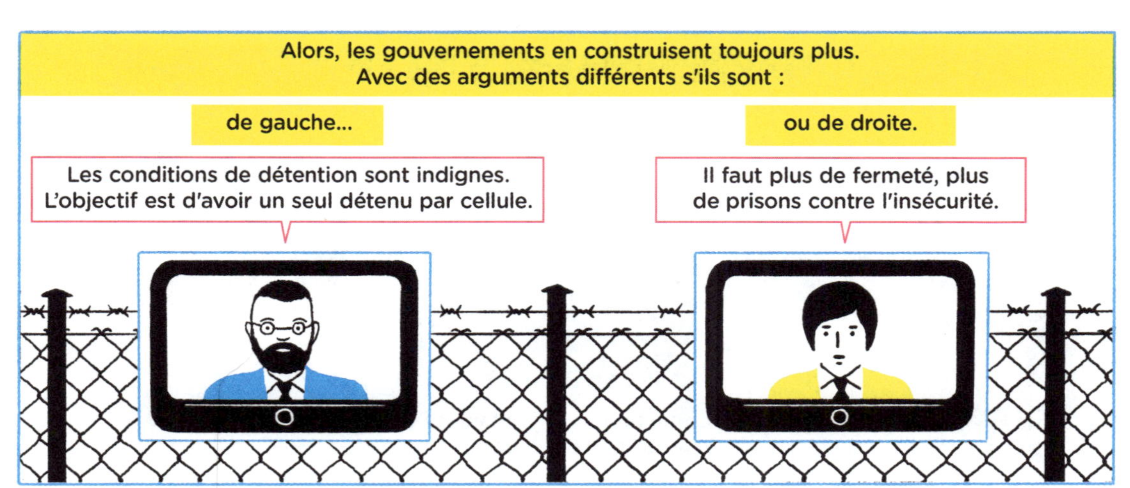

* Établissement réservé aux détenus en attente de jugements et aux peines de moins de deux ans.

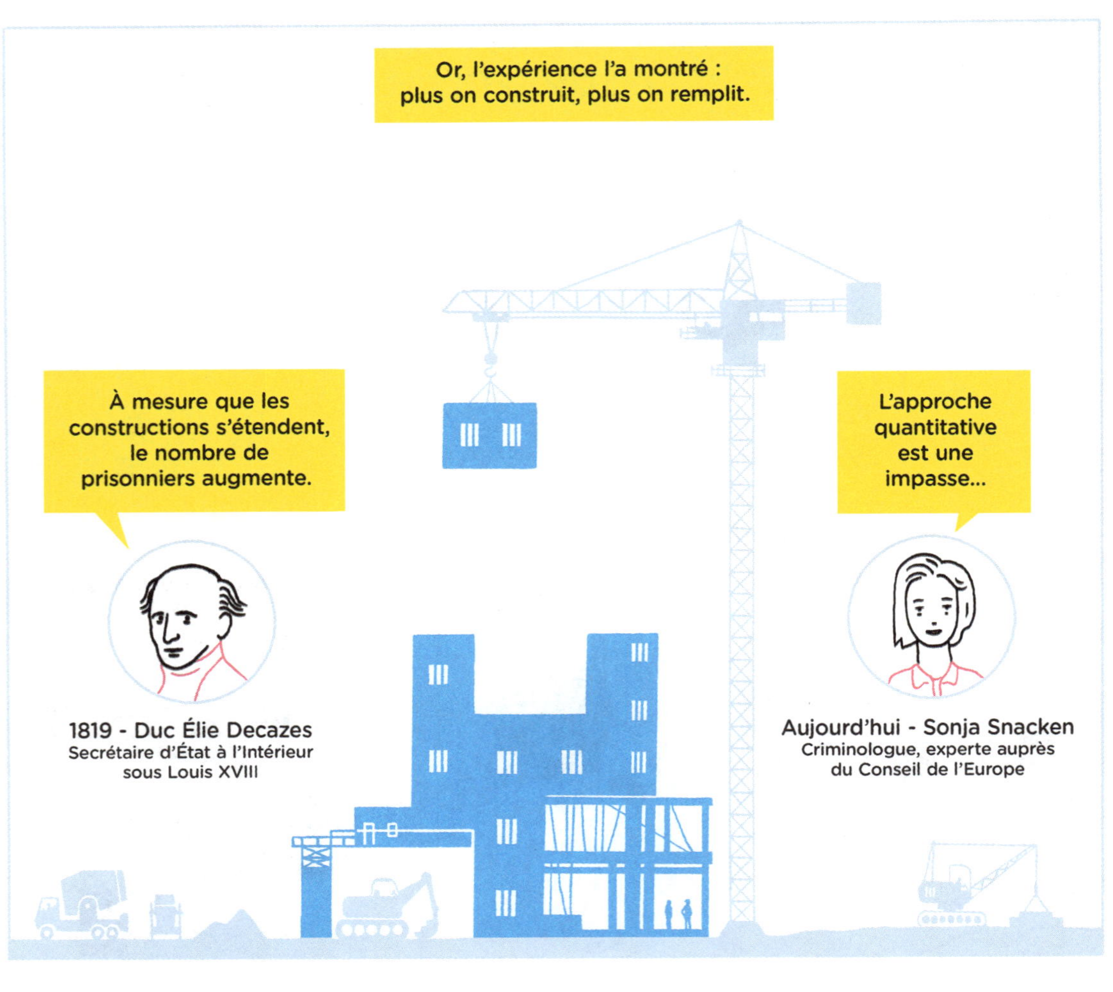

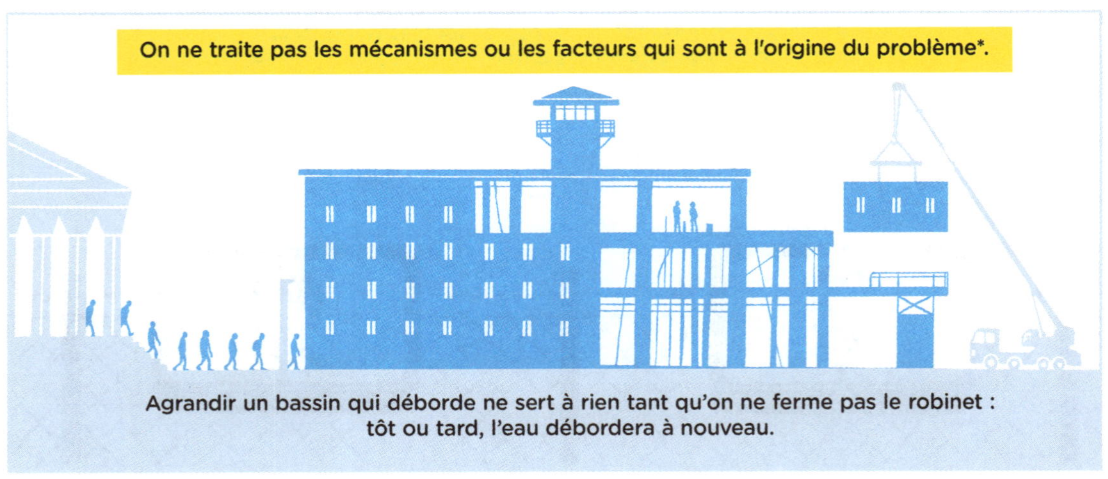

* Audition réalisée par Sarah Dindo dans le cadre de l'étude de la Commission nationale consultative des droits de l'homme (CNCDH), « Sanctionner dans le respect des droits de l'homme : les alternatives à la détention », La Documentation française, 2007.

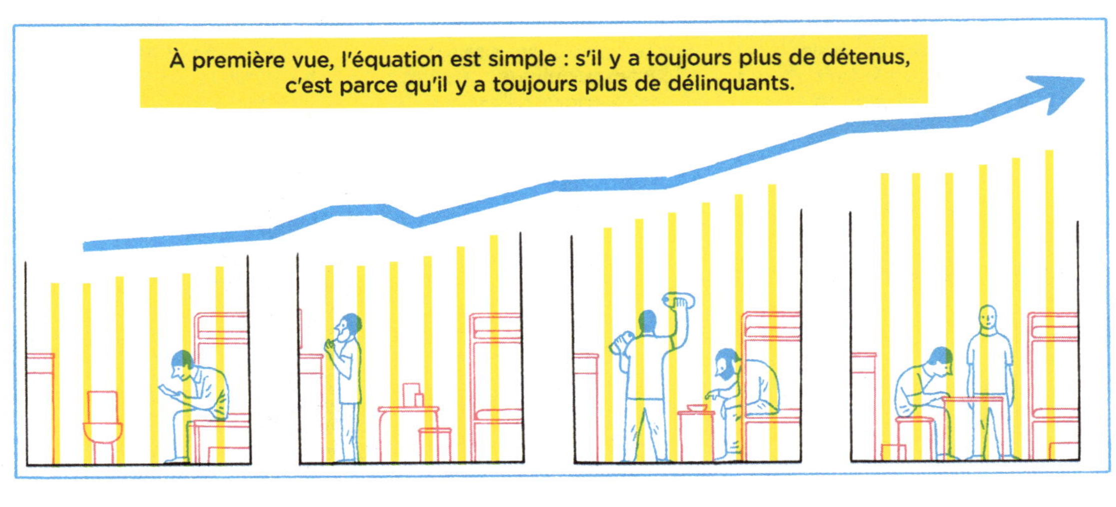

* Selon l'Observatoire national de la délinquance et des réponses pénales (ONDRP).

D'abord, les addictions.
L'incarcération les accentue, du fait de la souffrance psychique qu'elle entraîne*.

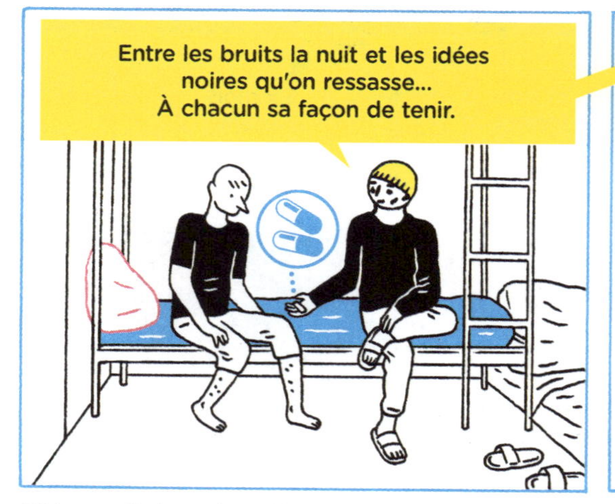

* Selon une étude menée par l'Inserm et Santé publique France.

L'incarcération est censée être un temps utile, mais elle reste un temps mort.

* Francine Cassan, Laurent Toulemon et Annie Kensey, « L'histoire familiale des hommes détenus », *Insee Première*, n° 706, avril 2000.

En revanche, la prison favorise les fréquentations criminogènes.

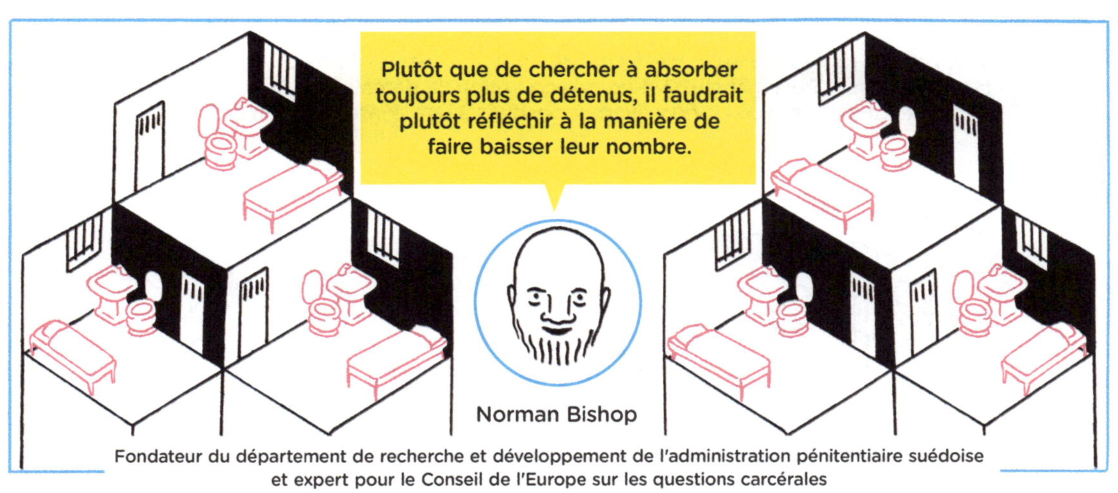
Plutôt que de chercher à absorber toujours plus de détenus, il faudrait plutôt réfléchir à la manière de faire baisser leur nombre.
Norman Bishop
Fondateur du département de recherche et développement de l'administration pénitentiaire suédoise et expert pour le Conseil de l'Europe sur les questions carcérales

En Finlande, en Suède et aux Pays-Bas, on compte moins de 60 détenus près 100 000 habitants, contre plus de 100 en France.
Dans ces pays, on mise sur la prévention plutôt que sur la répression. On considère qu'une bonne politique sociale est la meilleure politique pénale qui soit.
Tapio Lappi-Seppälä
Chercheur finlandais

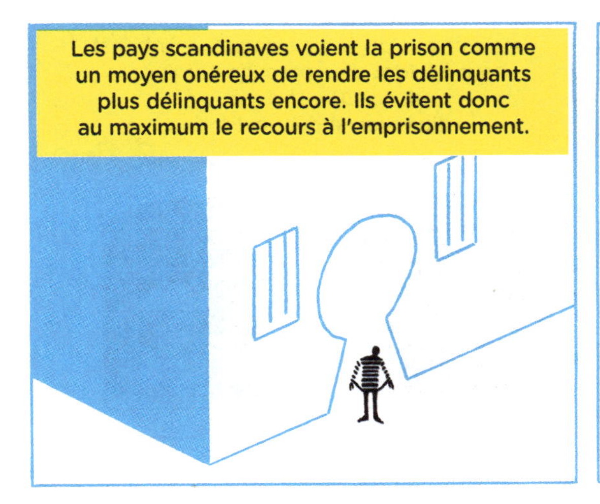
Les pays scandinaves voient la prison comme un moyen onéreux de rendre les délinquants plus délinquants encore. Ils évitent donc au maximum le recours à l'emprisonnement.

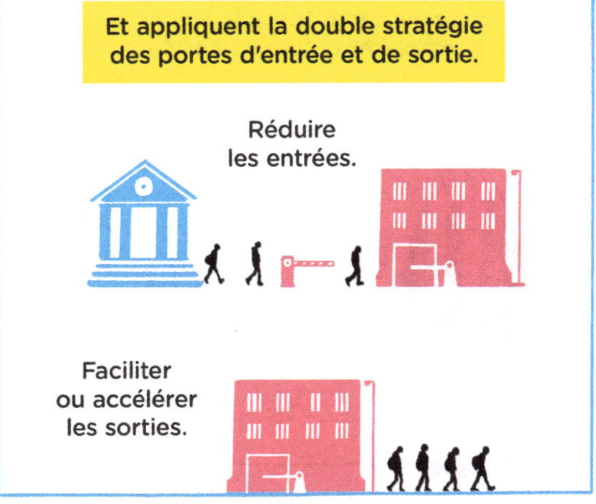
Et appliquent la double stratégie des portes d'entrée et de sortie.
Réduire les entrées.
Faciliter ou accélérer les sorties.

Une manière de réduire les entrées consiste à dépénaliser certains comportements. C'est ce qu'a fait le Portugal en 2001 pour l'acquisition, la détention et la consommation de tous les stupéfiants dès lors qu'ils sont destinés à une consommation personnelle.

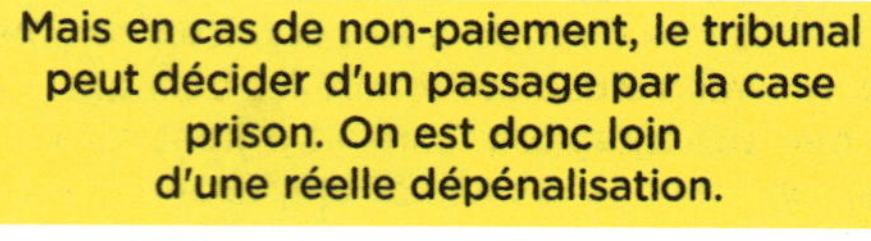

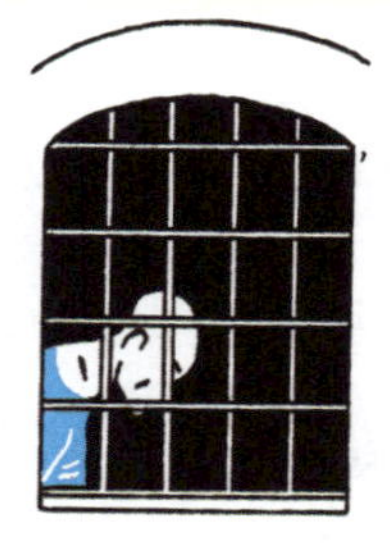

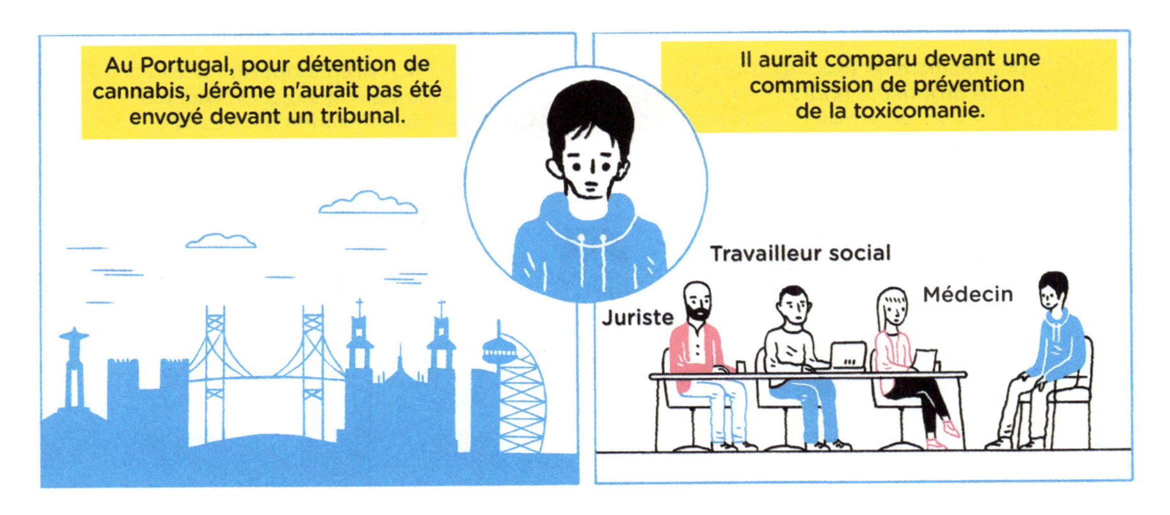
Au Portugal, pour détention de cannabis, Jérôme n'aurait pas été envoyé devant un tribunal.
Il aurait comparu devant une commission de prévention de la toxicomanie.
Travailleur social
Médecin
Juriste

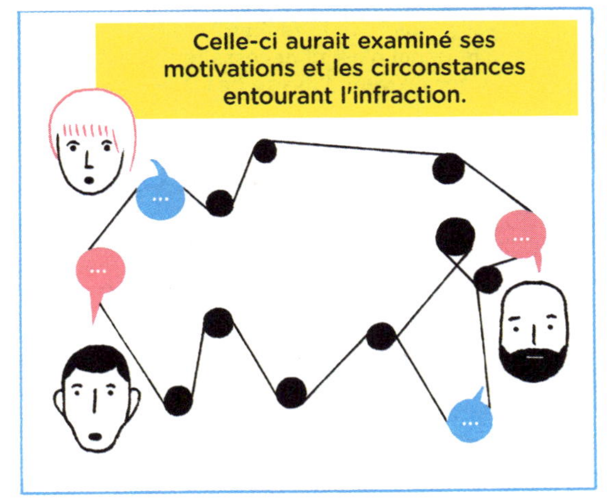
Celle-ci aurait examiné ses motivations et les circonstances entourant l'infraction.

Une fois sa toxicomanie reconnue, il aurait été orienté vers une prise en charge médicale.

S'il avait refusé ou manqué à l'appel...
il aurait pu écoper d'un travail d'intérêt général...

ou de l'obligation de suivre un programme éducatif...
ou être interdit de fréquenter certains lieux ou personnes.

La décriminalisation a en revanche eu pour effet de désengorger les tribunaux et permis à la police de redéployer ses moyens sur les grands trafiquants.

Cette politique aurait également entraîné une baisse des infractions commises sous l'emprise de stupéfiants ou en vue de s'en procurer.

Autre problème au-delà des addictions : dans les prisons françaises, un détenu sur quatre souffre de troubles mentaux.
Confronté à la même situation, le Québec a mis en place un programme qui permet d'éviter l'incarcération en s'appuyant sur le réseau de santé.
Anne Crocker
Psychiatre,
directrice de recherche
à l'université
de Montréal

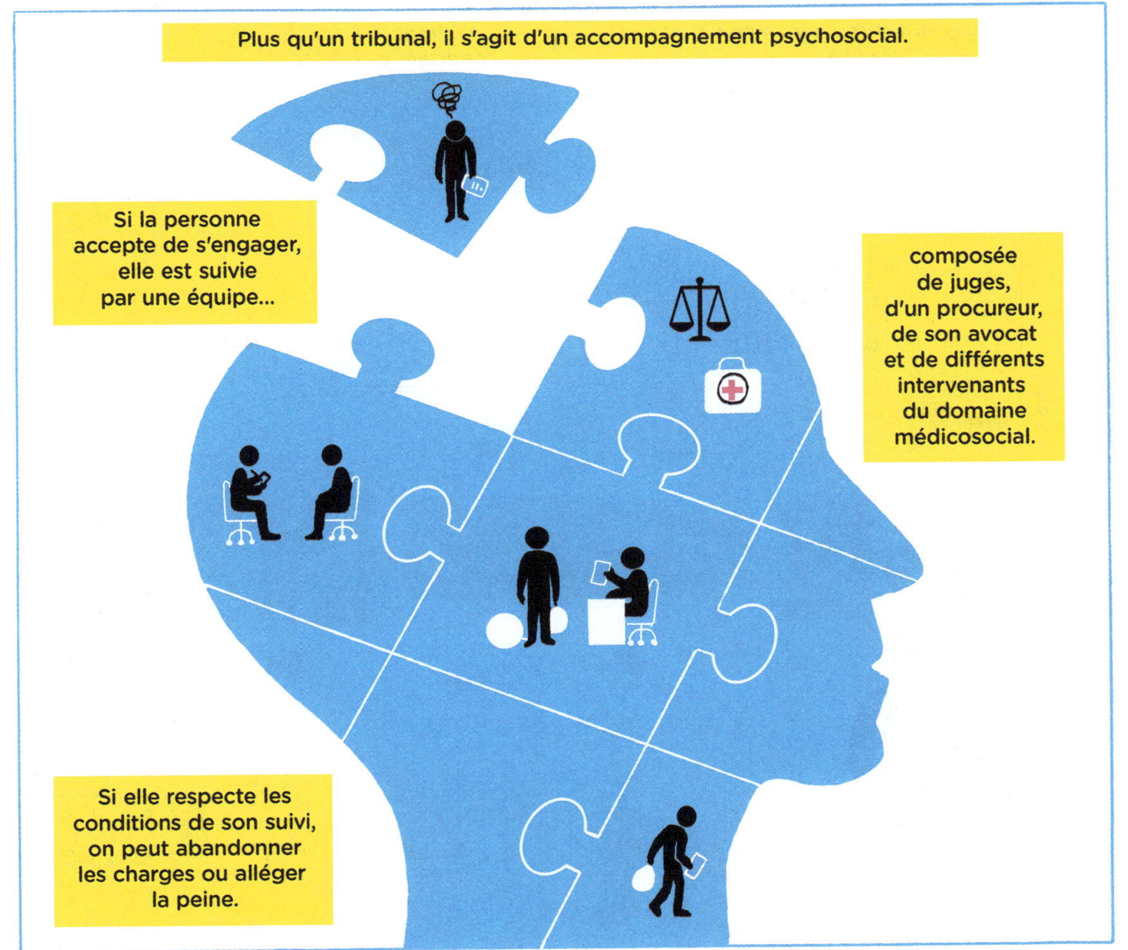
Plus qu'un tribunal, il s'agit d'un accompagnement psychosocial.
Si la personne accepte de s'engager, elle est suivie par une équipe…
composée de juges, d'un procureur, de son avocat et de différents intervenants du domaine médicosocial.
Si elle respecte les conditions de son suivi, on peut abandonner les charges ou alléger la peine.

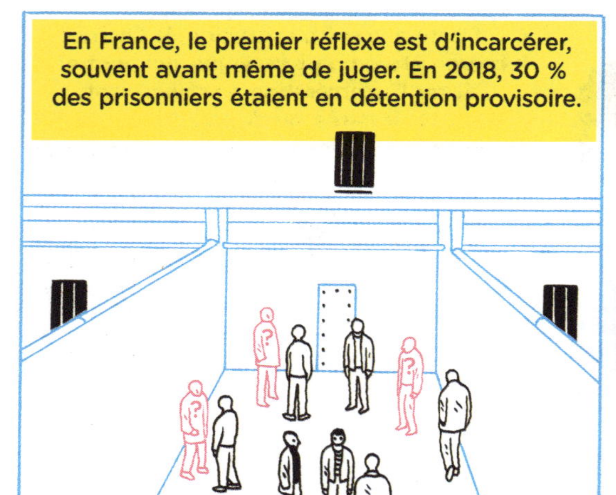
En France, le premier réflexe est d'incarcérer, souvent avant même de juger. En 2018, 30 % des prisonniers étaient en détention provisoire.

Tandis qu'en Finlande cette mesure est réservée aux auteurs de faits graves...

En France, plus d'une personne sur deux entre en prison comme prévenue. Au total, cela représente environ 20 000 personnes.

La loi française précise pourtant que cette mesure doit n'être qu'exceptionnelle, au nom de la présomption d'innocence.

Avant de placer en détention provisoire, les juges devraient, selon la loi, privilégier les autres possibilités.

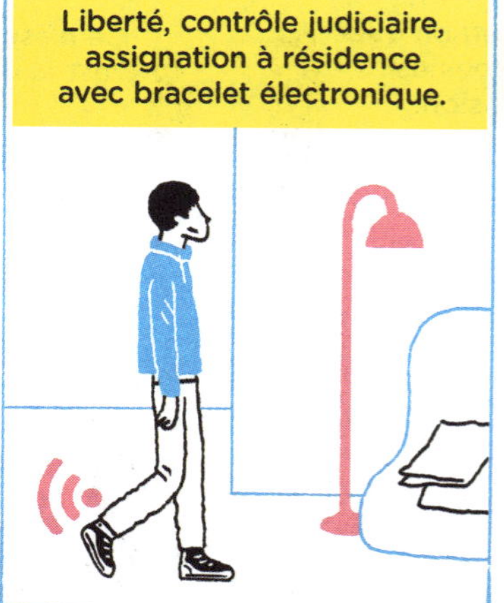
Liberté, contrôle judiciaire, assignation à résidence avec bracelet électronique.

Dans les faits, ils optent facilement pour la prison, surtout pour les personnes sans domicile ou étrangères.

Une fois jugés, les détenus français écopent de peines de plus en plus longues, jusqu'à trente ans de sureté pour les crimes les plus graves. À titre de comparaison, en Suède, le temps maximal de mise à l'épreuve encouru est de dix ans, dix-huit en cas de récidive.

* « L'exécution des décisions en matière pénale en Europe : du visible à l'invisible », actes du colloque international, Lyon, 15 et 16 décembre 2008, ministère de la Justice, direction de l'administration pénitentiaire, 2009.

La Suède tente également de réduire les durées d'emprisonnement en agissant sur la fin de peine.

Elle mise pour cela sur le recours à la libération conditionnelle.

En Suède, elle est automatique aux deux tiers de la peine. Concrètement, une condamnation à un an de prison signifie une sortie au bout de huit mois.
Les quatre mois restants sont consacrés à la réinsertion. Placé sous contrôle judiciaire, l'auteur d'un méfait peut, par exemple, suivre une formation professionnelle.

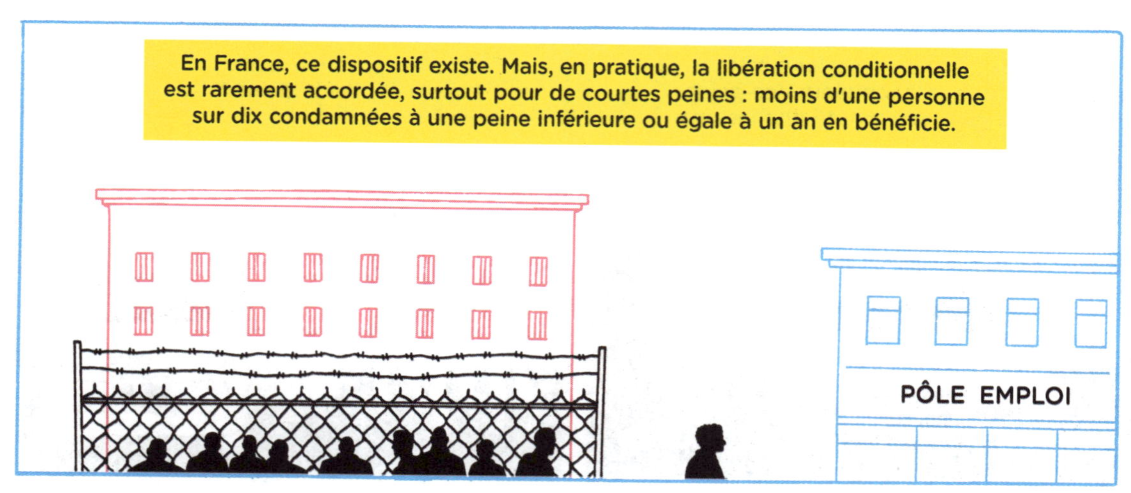
En France, ce dispositif existe. Mais, en pratique, la libération conditionnelle est rarement accordée, surtout pour de courtes peines : moins d'une personne sur dix condamnées à une peine inférieure ou égale à un an en bénéficie.
PÔLE EMPLOI

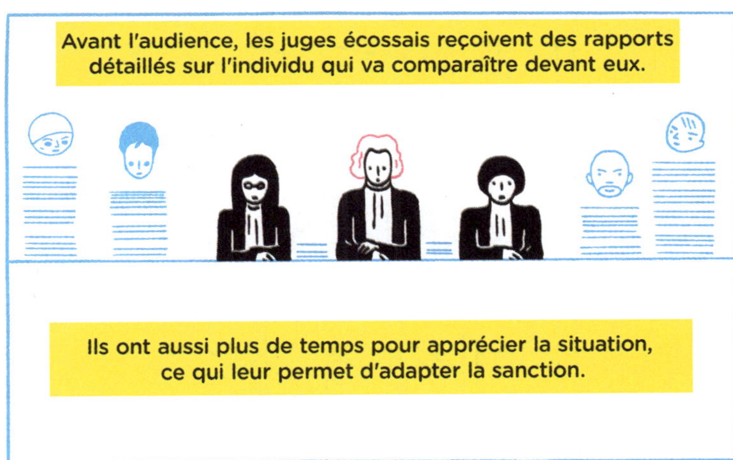

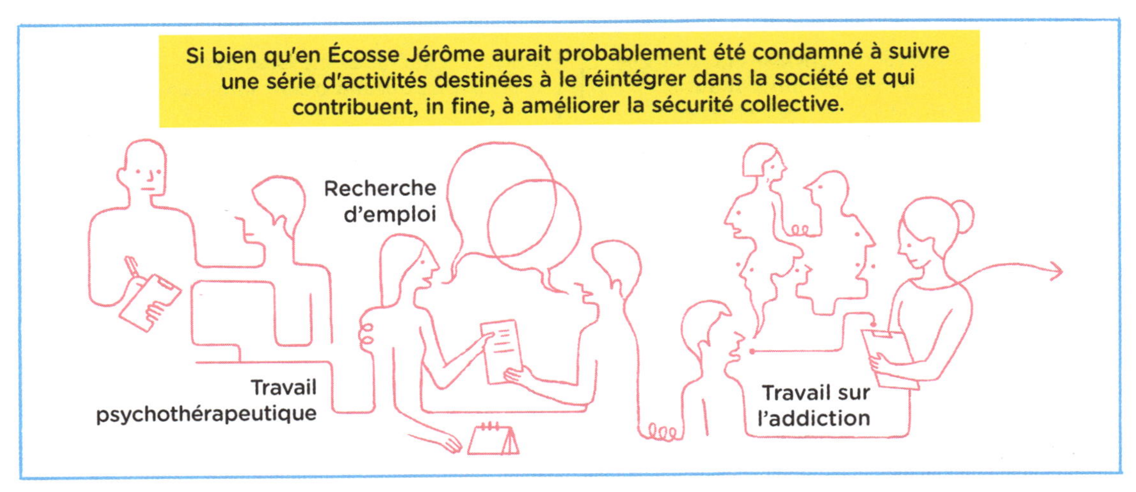

* En France, au 1er janvier 2017, 56 % des détenus condamnés purgeaient une peine de deux ans ou moins.

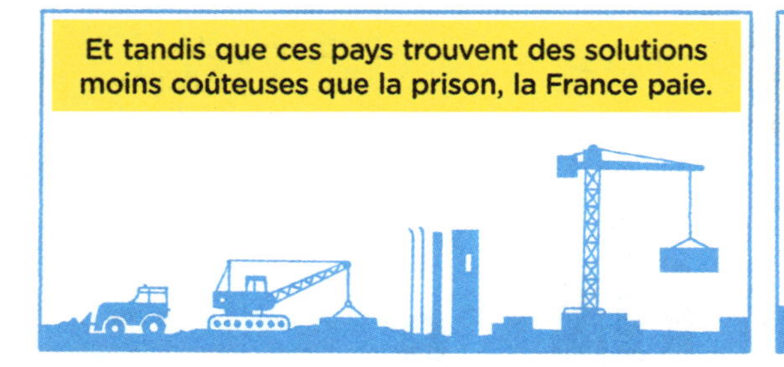
Et tandis que ces pays trouvent des solutions moins coûteuses que la prison, la France paie.

Depuis le début des années 2000, plus de cinq milliards d'euros ont été dépensés pour construire de nouveaux établissements.

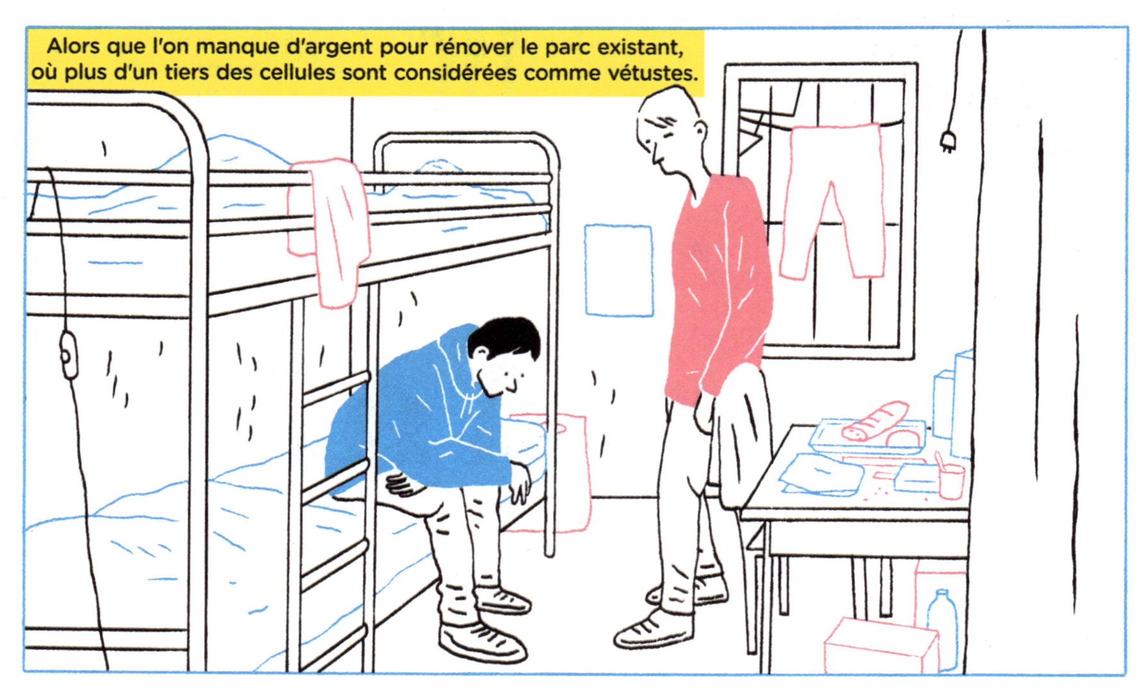
Alors que l'on manque d'argent pour rénover le parc existant, où plus d'un tiers des cellules sont considérées comme vétustes.

Et l'investissement dans la construction se fait surtout au détriment du développement des alternatives à l'incarcération.
BUDGET 2019
Accroissement du parc 645 millions d'euros
Alternatives 61 millions d'euros

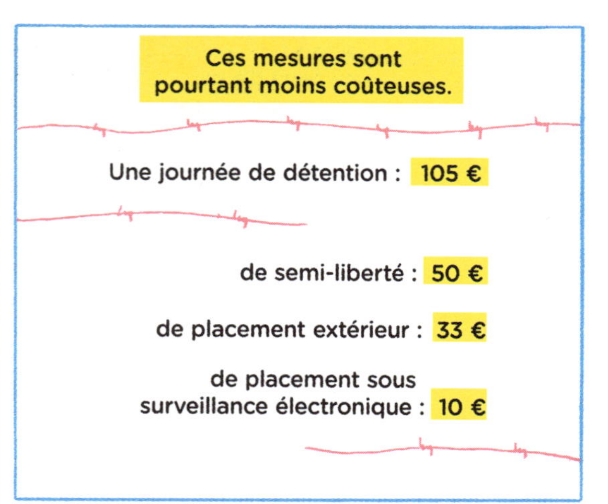
Ces mesures sont pourtant moins coûteuses.
Une journée de détention : 105 €
de semi-liberté : 50 €
de placement extérieur : 33 €
de placement sous surveillance électronique : 10 €

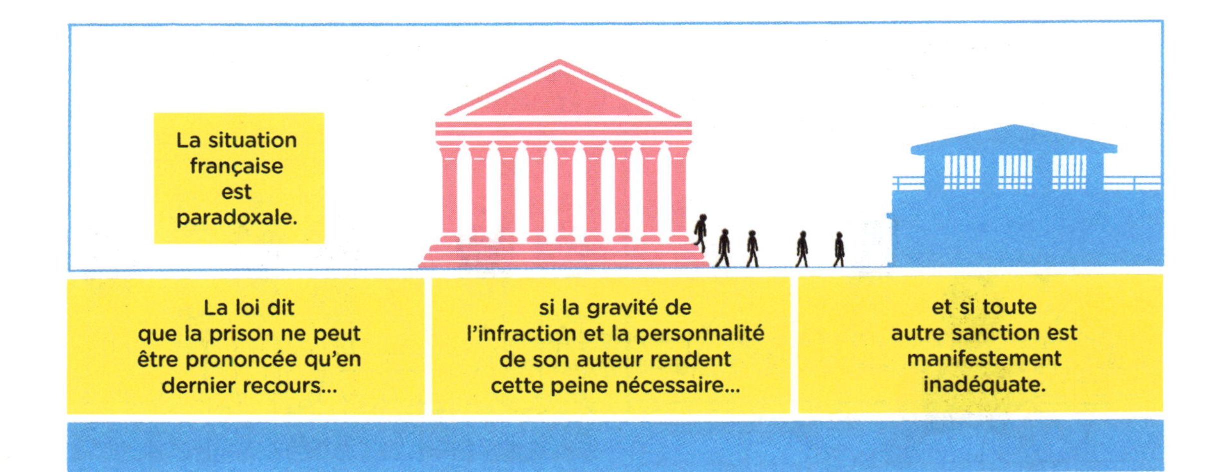
La situation française est paradoxale.
La loi dit que la prison ne peut être prononcée qu'en dernier recours...
si la gravité de l'infraction et la personnalité de son auteur rendent cette peine nécessaire...
et si toute autre sanction est manifestement inadéquate.

D'abord parce qu'elle est omniprésente dans le Code pénal : absolument tous les délits sont passibles de prison.
Laurence Blisson
Juge de l'application des peines, membre du Syndicat de la magistrature

Et pour cause : les années 2000 ont été marquées par nombre de lois sécuritaires...

... en réponse à des faits divers.
Juin 2005
Assassinat de Nelly Crémel
En décembre, LA LOI SUR LA RÉCIDIVE est votée.

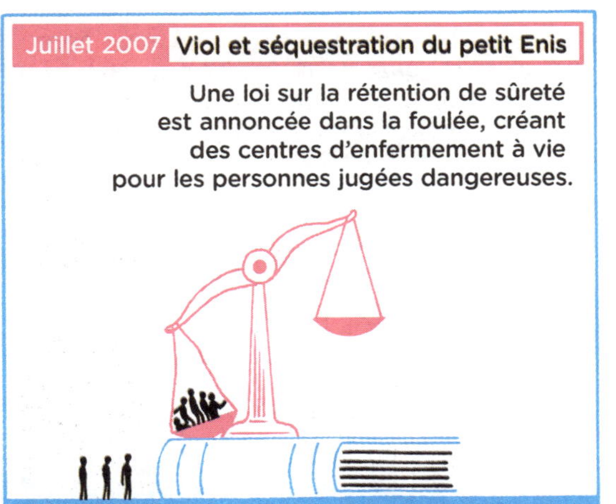
Juillet 2007
Viol et séquestration du petit Enis
Une loi sur la rétention de sûreté est annoncée dans la foulée, créant des centres d'enfermement à vie pour les personnes jugées dangereuses.

Par ailleurs, on recourt de plus
en plus fréquemment à la comparution
immédiate. Elle permet de présenter le prévenu
au tribunal directement après sa garde à vue.

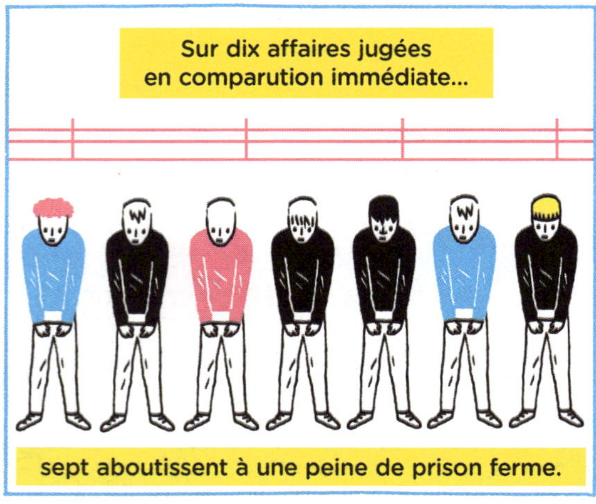
Sur dix affaires jugées
en comparution immédiate...
sept aboutissent à une peine de prison ferme.

Faute de moyens, les magistrats jugent
à chaud, en peu de temps et en disposant
de peu d'informations sur le prévenu.

Pour toutes ces raisons,
la prison s'impose souvent.

De plus, des délits sont créés : rien qu'en 2003
la mendicité agressive, l'installation sur un terrain
en réunion, l'occupation d'un hall d'immeuble
et la vente à la sauvette sont devenues
passibles de prison.

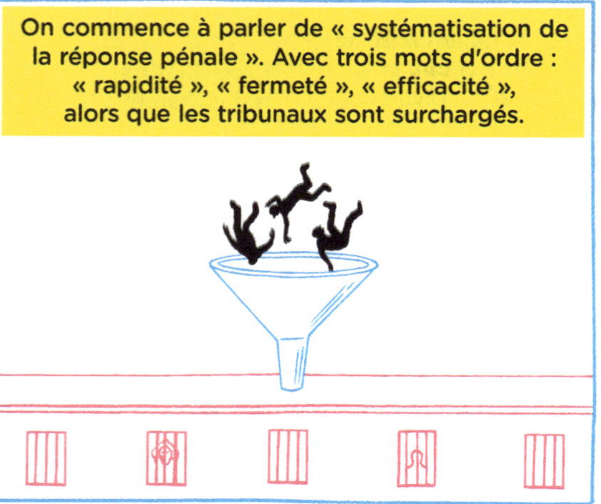
On commence à parler de « systématisation de
la réponse pénale ». Avec trois mots d'ordre :
« rapidité », « fermeté », « efficacité »,
alors que les tribunaux sont surchargés.

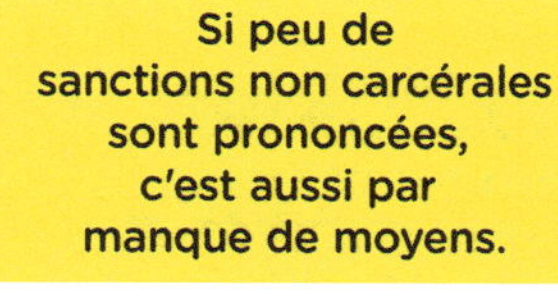

Les services chargés de suivre les peines exécutées hors les murs sont surchargés.

Un conseiller peut suivre jusqu'à 130 personnes, quand le Conseil de l'Europe recommande un ratio de 30 à 60 personnes.

Ces conditions de travail ne permettent pas d'individualiser l'accompagnement.

Les associations qui se consacrent au retour à l'emploi et à la recherche d'un logement manquent elles aussi de moyens.

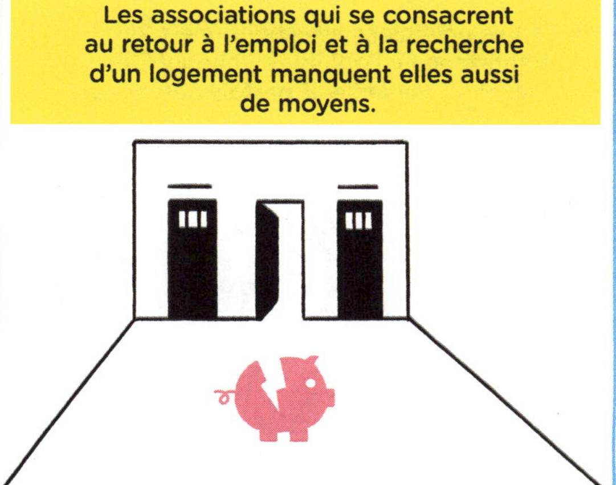

Quant aux structures d'accueil pour les personnes en placement extérieur* en 2018, plusieurs d'entre elles ont alerté sur les baisses de budgets.

Faire évoluer ces situations serait du ressort des gouvernants.

* Mesure d'aménagement de peine qui permet aux condamnés d'exécuter leur peine en dehors de la prison, encadrés et le plus souvent hébergés par une association.

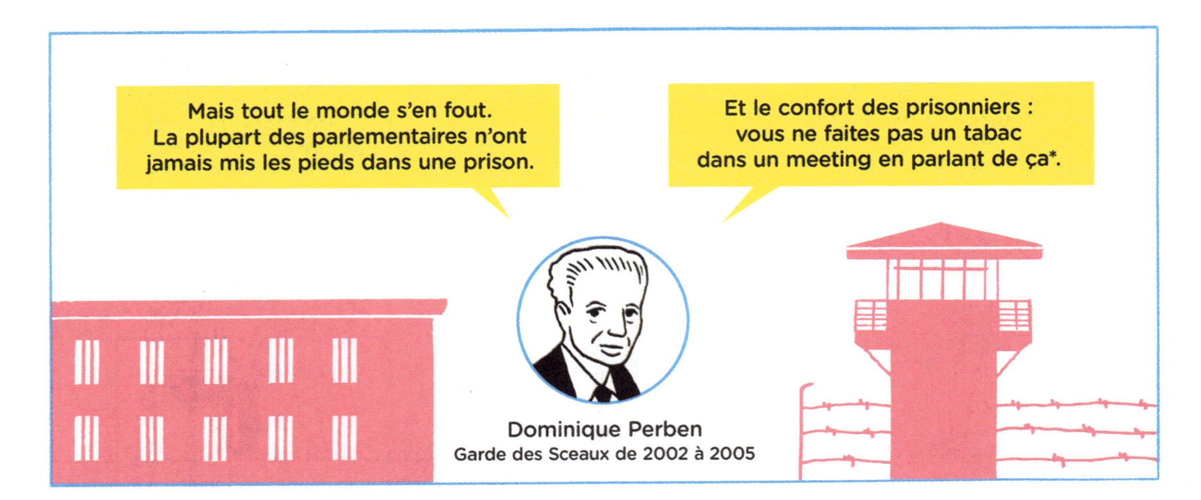

1 : Enquête Ifop pour la Fondation Jean-Jaurès réalisée, en mars 2018, auprès d'un échantillon de 1013 personnes.

* *La parole est au garde des Sceaux*, documentaire de Joseph Beauregard, 2015.

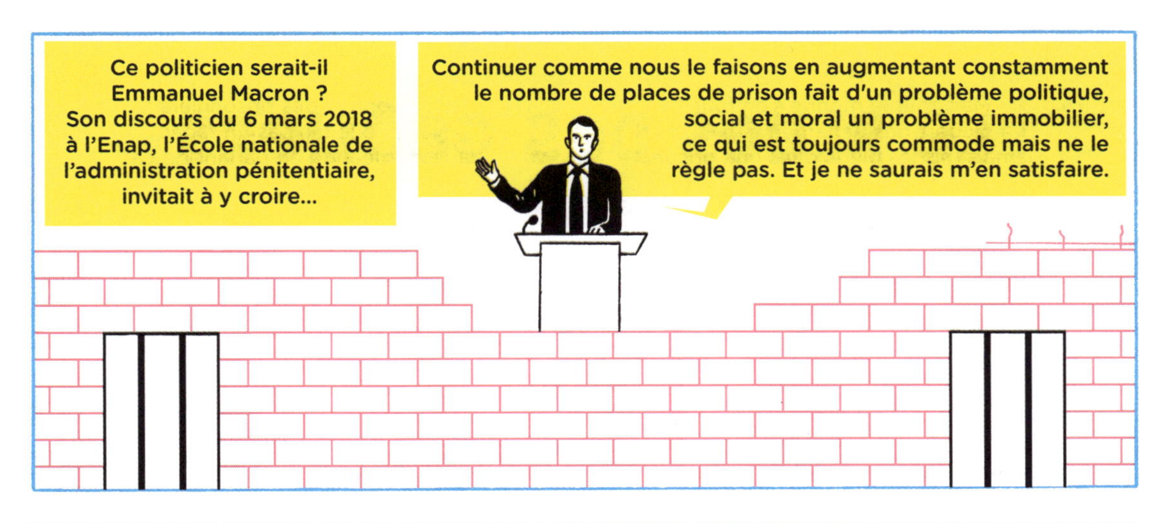
Ce politicien serait-il Emmanuel Macron ? Son discours du 6 mars 2018 à l'Enap, l'École nationale de l'administration pénitentiaire, invitait à y croire...
Continuer comme nous le faisons en augmentant constamment le nombre de places de prison fait d'un problème politique, social et moral un problème immobilier, ce qui est toujours commode mais ne le règle pas. Et je ne saurais m'en satisfaire.

Et, pourtant, le gouvernement prévoit l'ouverture de 7 000 nouvelles places d'ici à la fin du quinquennat et le lancement de 8 000 autres. Un plan d'une ampleur inédite.
Combien de temps encore la France persistera-t-elle à vouloir colmater les failles de son système pénal à grand renfort de béton ?

LE BLUES DES GEÔLIERS

Quinze mille places de prisons supplémentaires en dix ans, voilà la promesse du plan pénitentiaire lancé par le gouvernement l'année dernière. Mais construire plus de prisons pour y incarcérer toujours plus de détenus implique aussi d'augmenter le nombre de surveillants. Or, la profession n'attire pas.

C'était il y a un an et demi. En janvier 2018, les principaux syndicats de surveillants pénitentiaires français appelaient au blocage total des 188 établissements, déclenchant la plus forte mobilisation de la profession depuis plus d'un quart de siècle. Agressions, insalubrité, faiblesse des salaires, les griefs étaient nombreux. Parmi eux : le manque d'effectifs. En réponse, l'exécutif a promis que 1 100 postes de gardiens supplémentaires seraient ouverts sur quatre ans. Encore fallait-il recruter.

2 500 POSTES VACANTS

Ces effectifs se situent très en dessous de la moyenne européenne où certains pays, comme la Suède ou les Pays-Bas, comptent plus de surveillants que de détenus. Pour les syndicats, les nombreux postes non pourvus biaisent ce taux d'encadrement déjà mauvais. Ils avoisineraient les 2 500.

UN SURVEILLANT POUR 2,5 DÉTENUS

En janvier 2000, la France comptait environ 52 000 personnes derrière les barreaux. Dix-huit ans plus tard, record : elles étaient presque 70 000. Dans le même temps, le nombre de postes de surveillants pénitentiaires est passé de 20 256 à 28 561, stagiaires compris. Soit un taux d'encadrement relativement stable autour d'un surveillant pour 2,5 détenus.

SOURCE : MINISTÈRE DE LA JUSTICE, OBSERVATOIRE INTERNATIONAL DES PRISONS, STATISTIQUES PÉNALES ANNUELLES DU CONSEIL DE L'EUROPE, SÉNAT.

SÉCURITÉ DE L'EMPLOI

Devenir surveillant pénitentiaire, c'est accéder rapidement au statut souvent envié de fonctionnaire. Seuls prérequis pour passer le concours du ministère de la Justice : être français, avoir entre 19 et 42 ans, le brevet des collèges, une bonne condition physique et jouir de ses droits civiques. Une fois admis, c'est parti pour une formation de six mois payée 1 200 euros net par mois (auxquels il faut ajouter les primes) ! Pourtant, l'École nationale d'administration pénitentiaire ne fait pas le plein.

OPÉRATION SÉDUCTION

Le ministère de la Justice met en avant sur son site *« une grande diversité de postes »*, des *« niveaux de responsabilités variés »* et une offre *« qui s'étend sur l'ensemble du territoire »*. Il propose même aux futurs candidats une *« visite virtuelle de la prison du Mans »*, sur fond de musique douce et d'images de murs fraîchement repeints ou de personnels souriants.

PHOTO : LA PRISON DE NÎMES, LE 8 AOÛT 2017. (SYLVAIN THOMAS / AFP)

MÉTIER À RISQUES

Malgré des campagnes d'affichage *« fier de servir la justice »*, des vidéos sur YouTube vantant un *« métier juste »*, une entrée dans la profession pour les étudiants stagiaires à plus de 1 400 euros par mois et un salaire mensuel net moyen de 2 258 euros, une fois titularisés... les uniformes sont loin de tous trouver preneur. Outre la mauvaise image du métier et la surpopulation carcérale, des détenus de plus en plus violents finissent de décourager les potentiels candidats, arguent les syndicats.

EXCÈS DE SUICIDES

En 2015, une étude conduite par l'Institut de veille sanitaire (InVS) révélait un *« excès de suicides »* de 21 % chez les hommes ayant travaillé dans l'administration carcérale française entre 1990 et 2008. La catégorie la plus touchée était celle des... surveillants pénitentiaires.

MAKING-OF

« Sommes-nous davantage en sécurité avec toujours plus de prisonniers ? Pour répondre à cette question, nous nous sommes tournés vers ceux qui avaient le plus travaillé sur le sujet en France et à l'étranger : l'Observatoire international des prisons (OIP). Au sein de cette organisation, journalistes et juristes ont fait équipe pour nous donner les éléments les plus récents et les plus étayés. Les données restituées par Laure Anelli ne sont que la partie émergée d'un travail de recherche au long cours et d'heures d'interviews traduites en quelques bulles grâce à l'esprit de synthèse d'Alexandre Kha. »
La Revue Dessinée

À LIRE

Passés par la case prison, de l'OIP. Huit anciens détenus se racontent à des écrivains : la vie d'avant, le moment où tout bascule, la détention.
Éd. La Découverte. (2014)

À LIRE

20 ans ferme, de Sylvain Ricard et Nicoby. Condamné à vingt ans de réclusion criminelle, Milan n'accepte pas que sa vie soit une longue suite d'humiliations. Il témoigne sur l'indignité d'un système. Éd. Futuropolis. (2012)

inconsciences

Dr. Jekyll. Des décennies durant, sa silhouette de bronze a trôné face à l'École de médecine de New York. « Sims n'est pas notre héros ! » scandait-on pourtant lorsque le gynécologue fut descendu de son piédestal pour avoir gagné ses lettres de noblesse sur la souffrance d'esclaves noires.

CÉCILY DE VILLEPOIX

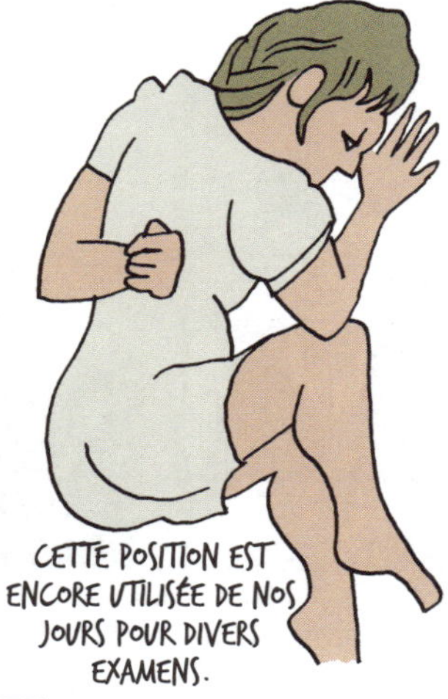

QUELQUES SEMAINES PLUS TÔT, DES PROPRIÉTAIRES DE PLANTATION L'AVAIENT SOLLICITÉ POUR GUÉRIR OU SOULAGER TROIS ESCLAVES NOIRES SOUFFRANT DE COMPLICATIONS POSTNATALES.

SIMS AVAIT DÉCLINÉ.

SIMS VA FINALEMENT OPÉRER ANARCHA, BETSEY ET LUCY.

DANS SON AUTOBIOGRAPHIE*, IL PRÉCISE QU'IL PREND EN CHARGE LES FRAIS ET QUE LES JEUNES FEMMES SONT TOUT À FAIT CONSENTANTES, MAIS CE POINT EST AUJOURD'HUI CONTROVERSÉ.

* « THE STORY OF MY LIFE », J. MARION SIMS (NON TRADUIT EN FRANÇAIS)

ANARCHA, BETSEY ET LUCY SOUFFRENT DE FISTULES VÉSICO-VAGINALES OU VÉSICO-ANALES.

CES « TROUS » SONT CAUSÉS PAR LA NÉCROSE DES TISSUS LORS D'ACCOUCHEMENTS TROP LONGS. LA TÊTE DE L'ENFANT ÉCRASE LES PAROIS INTERNES DE LA PARTURIENTE ET DES LÉSIONS APPARAISSENT. L'URINE, CONTENUE DANS LA VESSIE, SE DÉVERSE ALORS SANS POSSIBILITÉ DE CONTRÔLE DANS LE CANAL VAGINAL, ET CE, DE FAÇON CONTINUE.

POUR LES FEMMES ATTEINTES, C'EST UNE VIE MISÉRABLE QUI COMMENCE…

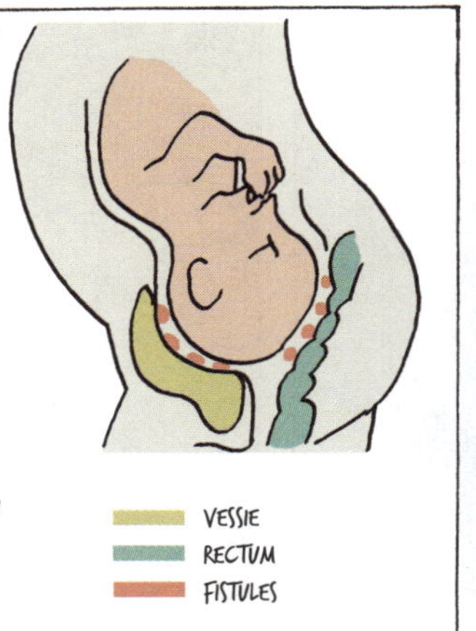

ELLES NE SONT PLUS CAPABLES DE TRAVAILLER ET IL LEUR EST QUASI IMPOSSIBLE D'AVOIR UNE VIE SOCIALE.

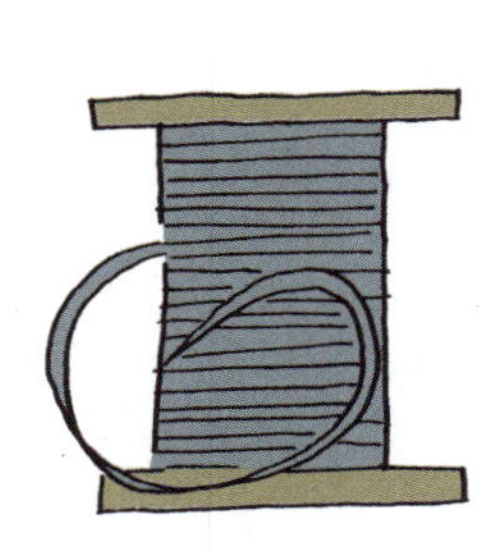

POUR EN FINIR AVEC LES SUTURES RATÉES, SIMS FERA FABRIQUER UN FIL D'ARGENT GRÂCE AUQUEL IL PARVIENDRA À SOIGNER TOUTES SES PATIENTES. ENFIN.

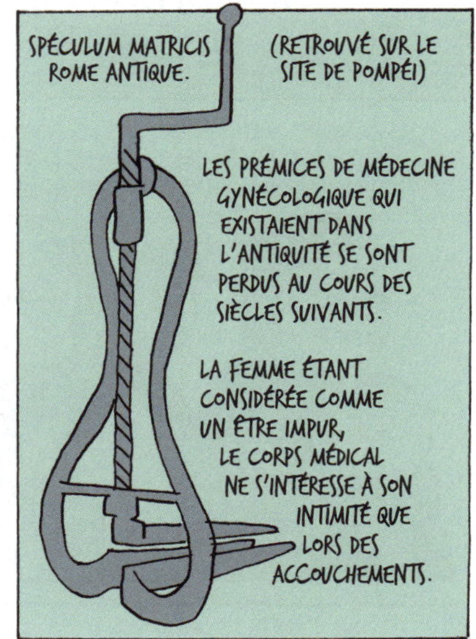

IL FAUT ATTENDRE LA MOITIÉ DU XVIIIE SIÈCLE POUR VOIR NAÎTRE UNE VÉRITABLE FORMATION ITINÉRANTE DE SAGES-FEMMES.

MAIS L'APPAREIL GÉNITAL FÉMININ N'INTÉRESSE PAS LES MÉDECINS.

LE DOCTEUR SIMS ÉCRIT D'AILLEURS DANS SON AUTOBIOGRAPHIE QU'IL N'AIMAIT PAS OBSERVER LES PARTIES INTERNES DE LA FEMME.

* TITRE QU'ELLE DONNERA À SON MANUEL SCOLAIRE PARU EN 1752. SA FORMATION SERA DISPENSÉE À DES CHIRURGIENS ET À PLUS DE CINQ MILLE FEMMES.

IL SEMBLE TOUTEFOIS AVOIR CHANGÉ D'AVIS PUISQUE LE RESTE DE SA CARRIÈRE SERA CONSACRÉ AUX PATHOLOGIES FÉMININES.

AINSI EN 1855, APRÈS LA MORT DE SON FILS DE TROIS ANS, IL PART POUR NEW YORK, OÙ IL OUVRE, NON SANS DIFFICULTÉ, LE PREMIER ÉTABLISSEMENT DE CHIRURGIE GYNÉCOLOGIQUE : LE WOMEN'S HOSPITAL.

SIMS Y OPÈRE LES FISTULES QUASI QUOTIDIENNEMENT, TOUJOURS SANS ANESTHÉSIE ET EN AMPHITHÉÂTRE AFIN D'ENSEIGNER SES TECHNIQUES À SES CONFRÈRES.

SES PATIENTES VIENNENT DE TOUS LES MILIEUX SOCIAUX. LES COMPTES DE L'HÔPITAL SONT SOUVENT DANS LE ROUGE, MAIS LES PLUS RICHES FINANCENT LES OPÉRATIONS DES PLUS PAUVRES.

EN EUROPE, IL PRATIQUE ALLÈGREMENT DES OVARIECTOMIES ET CLITORIDECTOMIES*.

TRÈS EN VOGUE, ELLES SONT CENSÉES GUÉRIR L'ÉPILEPSIE, L'HYSTÉRIE, VOIRE LA FOLIE.

* AUSSI APPELÉES « EXCISIONS ».

DE RETOUR À NEW YORK EN 1871, IL MÈNE UNE NOUVELLE BATAILLE AU SEIN DU WOMEN'S HOSPITAL : L'ACCUEIL DES MALADES CANCÉREUSES. IL SOULÈVE UN TOLLÉ !

EN 1874, SIMS EST CHASSÉ DU WOMEN'S HOSPITAL POUR CONDUITE DANGEREUSE. IL SOUFFRE DE TROUBLES DÉLIRANTS, INVENTE DES OUTILS IMPROBABLES ET GÊNE SES COLLÈGUES, MAIS...

L'AMERICAN MEDICAL ASSOCIATION VOUS A ÉLU PRÉSIDENT À L'UNANIMITÉ, DOCTEUR !

CENT CINQUANTE ANS PLUS TARD, LE PERSONNAGE RESTE CONTROVERSÉ.

EN 2018, À CENTRAL PARK, SA STATUE EST DÉBOULONNÉE SUR DÉCISION DU MAIRE DE NEW YORK...

APRÈS HUIT ANS DE MOBILISATION DE MOUVEMENTS AFROFÉMINISTES QUI CONSIDÈRENT QUE SIMS A UTILISÉ DES ESCLAVES NOIRES COMME COBAYES.

À MONTGOMERY, LE SÉNATEUR DÉMOCRATE HANK SANDERS RÉCLAME LE MÊME TRAITEMENT POUR LA STATUE DE SIMS DEVANT LE CAPITOLE.

VANDALISÉE PLUSIEURS FOIS, ELLE EST TOUJOURS EN PLACE.

INVENTION D'OUTILS ET DE POSITIONS ENCORE UTILISÉS AUJOURD'HUI, AVANCÉES DANS L'INSÉMINATION ARTIFICIELLE ET DANS LA CHIRURGIE : SIMS EST CONSIDÉRÉ PAR BEAUCOUP COMME LE PÈRE DE LA GYNÉCOLOGIE MODERNE.

TORTIONNAIRE OU GÉNIE DE SON TEMPS ? LA QUESTION RESTE ENTIÈRE.

OCCUPER LE TERRAIN

Le match dure depuis plus d'un siècle. Commencée pendant la Première Guerre mondiale, l'histoire des femmes et du ballon rond est une odyssée : elle suit les soubresauts des vagues féministes, rebondit sur les mouvements ouvriers, joue les prolongations avec les événements de Mai 68... avant de buter sur le conservatisme d'instances sportives dirigées en grande majorité par des hommes. Taclé par sa propre fédération, le football féminin a longtemps été relégué au banc de touche. C'était sous-estimer l'endurance des sportives à la conquête de ce terrain jugé très masculin. Contre le sexisme, l'indifférence et les inégalités, la discipline, encore marginale dans l'Hexagone, avance crampons aux pieds. La Coupe du monde replacera-t-elle la balle au centre ?

MICKAËL CORREIA **NICOBY**

PENDANT LA GRANDE GUERRE, DANS LES USINES, LES FEMMES REMPLACENT LES OUVRIERS PARTIS AU FRONT.

ELLES PROFITENT DE CETTE LIBERTÉ POUR CHAUSSER LES CRAMPONS ET ORGANISENT, EN 1917, LE PREMIER MATCH DE FOOT FÉMININ.

FLOTTE ALORS UN PARFUM D'ÉMANCIPATION...

... QUI NE FRANCHIT PAS LA PORTE DES INSTITUTIONS SPORTIVES, TOUJOURS DIRIGÉES PAR DES HOMMES.

EN JANVIER 1918, UNE INSTITUTRICE, ALICE MILLIAT, PREND LES CHOSES EN MAIN.

ELLE FONDE LA FÉDÉRATION DES SOCIÉTÉS FÉMININES SPORTIVES DE FRANCE.

LES ÉQUIPES DE FOOT FÉMININ SE MULTIPLIENT. AU DÉBUT DES ANNÉES 1920, LA FRANCE EN COMPTE UNE QUARANTAINE.
YOUHOU!
HOURRA!

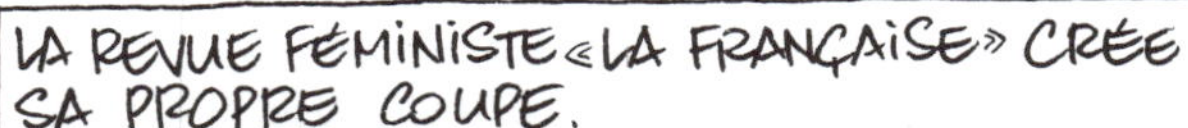
LA REVUE FÉMINISTE «LA FRANÇAISE» CRÉE SA PROPRE COUPE.

LE SPORT DONNERA AU FÉMINISME DES FEMMES ROBUSTES ET DÉCIDÉES À CONQUÉRIR LEURS DROITS!
FRANÇAISE
JANE MISME, FONDATRICE DE «LA FRANÇAISE».

TE FAIS PAS MAL, CHÉRIE!
GRR...

HAN!
BOM

1921

ALLEZ, LES FILLES !
FRAPPE !
ÇA NE PEUT PLUS DURER ...

LA RUDESSE DU FOOTBALL EXIGE DES QUALITÉS VIRILES QU'ON NE VEUT PAS VOIR SUR LA FEMME.
MAURICE PEFFERKORN, JOURNALISTE SPORTIF.

LES MÉDECINS S'INQUIÈTENT :
CHEZ LA FEMME, LE FOOTBALL ENGENDRE...

... L'IMMATURITÉ DU VAGIN.
tac

OR, APRÈS LA GUERRE, L'IDÉOLOGIE NATALISTE FAIT RAGE.
SANS ENFANTS AUJOURD'HUI PLUS DE FRANCE DEMAIN !
DEMAIN !

LE FOOT EST DONC ACCUSÉ DE DÉTOURNER LES FEMMES DE LEUR MISSION : REPEUPLER LE PAYS.
LES JOUEUSES SE FONT PLUS RARES, LES ÉQUIPES DISPARAÎSSENT.

ON EST SEULEMENT HUIT ...
PAREIL. ON JOUE QUAND MÊME?

EN 1928, LA FÉDÉRATION FRANÇAISE DE FOOTBALL (FFF) PORTE LE COUP DE GRÂCE.
NOUS SOMMES TOTALEMENT HOSTILES AU FOOTBALL POUR LA FEMME.

LE BARON PIERRE DE COUBERTIN ENFONCE LE CLOU.
Si DES FEMMES VEULENT JOUER AU FOOT, LIBRE À ELLES, POURVU QUE CE SOIT SANS SPECTATEURS.

C' ÉTAIT NOTRE DERNIER MATCH...

LE CHAMPIONNAT DE FRANCE DE FOOT FÉMININ S'ÉTEINT EN 1933.

Du football féminin à Reims ?

A l'occasio[...] tournoi, qui [...] année les [...] l'Union-Spor[...] sur pied un match inédit entre deux équipes féminines

DEPUIS 1965, DANS L'EST DE LA FRANCE, DES CLUBS DE FOOT ORGANISENT CHAQUE ANNÉE DES MATCHS FÉMININS.

MAIS... MAIS... ELLES SAVENT TAPER DANS UN BALLON ?!

ELLES SE DÉBROUILLENT, EN PLUS !

NORMAL ! ÇA FAIT DES ANNÉES QU'ON JOUE AVEC NOS FRANGINS.

ON EST ICI POUR MONTER UNE VRAIE ÉQUIPE !

EN 1969, LES MATCHS D'EXHIBITION LAISSENT PLACE À UN TOURNOI RÉGIONAL DIGNE DE CE NOM.

AU MÊME MOMENT, LA DEUXIÈME VAGUE DU FÉMINISME DÉFERLE SUR LA FRANCE.
MON CORPS EST À MOI
AVORTEMENT LIBRE GRATUIT

MLF
HEU ...
EN FOOT COMME DANS D'AUTRES DOMAINES, LA FEMME A FAIT RECONNAÎTRE SES DROITS.
FFF

FACE À L'EXPLOSION DU NOMBRE DE JOUEUSES, LA FFF RECONNAÎT LE FOOTBALL FÉMININ EN 1970.
ALORS, GIGI, CE MATCH ?

ON A GAGNÉ !!
PÖC

LYON, 1971.
POF
SANS RÉEL SOUTIEN DE LA FÉDÉRATION...
... LES JOUEUSES S'AFFILIENT À DES CLUBS MASCULINS.
PUT PUT PUT PUT
COUIC
10
8
MAIS LES HOMMES BÉNÉFICIENT DES MEILLEURS TERRAINS, HORAIRES ET ÉQUIPEMENTS.

L'ÉQUIPE DE FRANCE FÉMININE EST MÉPRISÉE, LES JOUEUSES NON RÉMUNÉRÉES.
RETOURNE EN CUISINE !
OCCUPE-TOI DE TES GOSSES !!
T'ES UN MEC !

LA PRESSE NE PARLE QUE DU PHYSIQUE DES JOUEUSES.
Libération
PAS DE QUOI FAIRE DÉBANDER UN AMANT
L'EQUIPE
LE QUOTIDIEN DU SPORT ET DE L'AUTOMOBILE
3,50
IL N'Y A PAS QUE DES BOUDINS

DÉCRÉDIBILISÉES, ELLES NE REMPLISSENT PAS LES STADES.
AINSI, EN 1982, LE CHAMPIONNAT DE FRANCE N'ATTIRE QUE 200 SPECTATEURS.

POK

PAK

AS BRIENNE, DÉPARTEMENT DE L'AUBE, 1990.

DEPUIS SES 5 ANS, MARINETTE PICHON ENFLAMME LES PELOUSES.

EN 1994, ELLE EST SÉLECTIONNÉE EN ÉQUIPE DE FRANCE.
CLAIREFONTAINE !
FFF

MAIS, RAPIDEMENT, ELLE DÉCHANTE.
IL N'Y A QU'UNE PAIRE, TU LES LAVERAS TOI-MÊME.
FFF

LA JOUEUSE PART EN 2002 POUR LES USA, LA MECQUE DU FOOT FÉMININ.

ELLE EST SACRÉE MEILLEURE BUTEUSE DÈS SA PREMIÈRE SAISON.
USA

AVEC L'ÉQUIPE DE FRANCE, ELLE DEVIENT UNE ICÔNE INTERNATIONALE.
Thierry Henry
51 BUTS EN 123 MATCHS
...
YAHOU !
Marinette Pichon
81 BUTS EN 112 MATCHS
12

IL EST IMPOSSIBLE D'AFFICHER SON HOMOSEXUALITÉ DANS LE FOOT.
GIROUD

MALGRÉ ÇA, MARINETTE S'AFFIRME LESBIENNE ET DÉFEND L'HOMOPARENTALITÉ.
JE NE VOULAIS PLUS ME JUSTIFIER D'AIMER LES FEMMES.
HA HA !

TRÎÎÎ

TRÎÎÎ

TRÎÎÎ
OUÉÉ

DEPUIS PICHON, LE FOOT FÉMININ GAGNE DU TERRAIN.
BRAVO LES BLEUES
ACTUELLEMENT 3e MONDIALES, LES BLEUES JOUISSENT D'UNE CERTAINE POPULARITÉ.
LLEZ
17
9
8
5
2

POURTANT, EN 2009, ELLES ONT DÛ POSER NUES POUR PROMOUVOIR LEUR SPORT.
FAUT-IL EN ARRIVER LÀ POUR QUE VOUS VENIEZ NOUS VOIR JOUER?

ELLES NE SONT MISES EN AVANT QUE SI ELLES CORRESPONDENT AUX STÉRÉOTYPES DE LA FÉMINITÉ.

EN 2011, ADRIANA KAREMBEU EST L'AMBASSADRICE DU FOOT FÉMININ.
POUR UNE FOIS, VOUS NE POUSSEREZ PAS DES CRIS EN VOYANT LA MÊME TENUE SUR UNE FILLE.

ET LE PROGRAMME SCOLAIRE DE LA FFF EST NOMMÉ «LE FOOTBALL DES PRINCESSES».
TU PARLES SI C'EST PRATIQUE !

ON APPREND MÊME AUX BLEUES À SE MAQUILLER.
JOUENT-ELLES POUR ELLES OU POUR LE REGARD DES HOMMES ?
...DEMANDE BÉATRICE BARBUSSE, SOCIOLOGUE DU SPORT.

LE FOOTBALL RESTE PROFONDÉMENT SEXISTE.
CHEZ LES JOURNALISTES.
UNE FEMME QUI COMMENTE, ELLE VA MONTER DANS LES AIGUS.
DENIS BALBIR EN 2018.
DANS LES TRIBUNES.
CUISINE
OU CHEZ LES DIRIGEANTS.
QU'ELLES S'OCCUPENT DE LEURS CASSEROLES.
BERNARD LACOMBE (OLYMPIQUE LYONNAIS) EN 2013.

COMME UN PIED DE NEZ À CE VIRILISME, LES LYONNAISES ONT GAGNÉ CINQ FOIS LA LIGUE DES CHAMPIONS.

DES PIONNIÈRES DU XXe SIÈCLE AUX JOUEUSES DE LA COUPE DU MONDE 2019...

... PLUSIEURS GÉNÉRATIONS DE FEMMES SE SONT PASSÉ LA BALLE POUR LIBÉRER LE FOOT DE SES PRÉJUGÉS.

LES INÉGALITÉS JOUENT À DOMICILE

En France, un sportif sur deux est une sportive. Pourtant, dès qu'il s'agit de professionnalisation et de compétition, l'écart se creuse. Moins payées, moins diffusées, moins considérées, les femmes poursuivent le match de l'égalité.

FOOTBOYS CLUB

Chez les hommes, la discipline la plus retransmise à la **télévision** est le football avec 4173 heures de diffusion. Pour les femmes, le tennis arrive en tête avec seulement 1039 heures d'antenne.

PETITE LUCARNE

La place des **compétitions féminines** à la télévision progresse à pas lents. Le volume de retransmissions est passé de 7 % en 2012 à plus de 24 % en 2018. Mais près de la moitié des présentateurs de programmes sportifs sont des présentatrices.

UN POUR 1693

En matière d'**inégalités salariales**, le sport bat la politique. Un footballeur comme Neymar gagne l'équivalent du salaire cumulé des joueuses des sept principales ligues dans le monde, soit 1 693 femmes.

PAIE TA JOUEUSE

Dans le football professionnel, les femmes gagnent 96 % de moins que les hommes. En 2017, aucune femme n'apparaît dans le **top 50** des sportifs les mieux payés.

DU MUSCLE !

« Bâti sur une culture du risque et du muscle, le sport est le temple du masculin, estime le géographe du genre Yves Raibaud. *Dans la cour de récré, le foot occupe la majorité de l'espace. On lui consacre des* **stades** *peuplés principalement d'hommes regardant jouer d'autres hommes, il n'y a rien d'équivalent pour les femmes. »*

COMBLER L'ÉCART

Depuis la Coupe du monde de 2011, le nombre de femmes **licenciées de football** a augmenté très fortement, de plus de 90 % en cinq ans. Pourtant, celles-ci ne sont toujours que 160 000 joueuses sur un total de 2,2 millions.

DESSIN : SERGIO AQUINDO

En France, 14,5 millions de femmes pratiquent une activité sportive régulière, soit près de la moitié des sportifs. Mais l'égalité s'arrête là. *« Dans l'univers du sport, les femmes ne représentent que 30 % des licenciés, 30 % des moniteurs, 12 % des cadres et ne perçoivent que 8 % des rémunérations versées »*, constate Yves Raibaud, spécialiste de la géographie du genre à l'université Bordeaux-Montaigne. Plusieurs facteurs expliquent ce décalage. D'abord, les investissements. Selon un rapport porté par l'ancienne ministre des Droits des femmes et sénatrice Michèle André, *« lorsqu'une commune doit opérer un choix entre une équipe masculine et une équipe féminine, le choix s'opère, à de très rares exceptions près, au profit des garçons »*. Dans deux villes où ces inégalités ont été mesurées, Bordeaux et Genève, 70 % des budgets dédiés au sport leur sont consacrés. *« L'écart est encore plus important si l'on tient compte des équipements, du type skatepark et citystade, qui sont utilisés quasi exclusivement par les hommes »*, précise Yves Raibaud. Les femmes, elles, paient pour faire du sport en salle. *« Une inégalité devant l'impôt »*, note le géographe.

Le ménage ou les crampons

Autre frein à la pratique, *« les femmes consacrent en moyenne plus de temps que les hommes aux tâches ménagères et parentales »*, rappelle l'Insee. Or les gymnases publics proposent souvent des cours entre 18 et 20 heures, quand elles s'occupent des enfants. Résultat, *« une femme en couple sans enfants a 40 % de chances en plus de pratiquer un sport qu'une femme en couple avec enfants »*, estime l'Insee. Ces limites valent aussi pour les plus jeunes. *« L'absence de transport combinée à des horaires tardifs dissuade considérablement »*, souligne le rapport sénatorial. Yves Raibaud abonde : *« Les filles aiment autant le sport que les garçons, leur décrochage est toujours motivé par quelque chose d'extérieur. »*

SOUCRE : CSA, THE GUARDIAN, L'ÉQUIPE, RAPPORT SÉNATORIAL PORTÉ PAR MICHÈLE ANDRÉ, INSEE

© AGENCE ROL

L'équipe la Ruche sportive en janvier 1921. Les joueuses du XIVe arrondissement de Paris prennent la pause.

Making-of

« Pour montrer que le football féminin possède aussi ses grandes figures à l'instar de Pelé ou Zidane, nous nous sommes appuyés sur des personnages forts comme Ghislaine "Gigi" Souef ou Marinette Pichon. Chaque séquence de cette épopée se termine par une case où le ballon est envoyé à la page suivante, une façon de matérialiser la continuité de cette conquête. »
Mickaël Correia et Nicoby

À lire

Une histoire populaire du football, **de Mickaël Correia. L'auteur de ce sujet raconte « par le bas » ce sport qui peut être généreux et subversif.**
Éd. La Découverte. (2007)

À voir

Les Attaquantes, **de Pauline Verduzier et Teresa Suárez. Une immersion multimédia au sein de l'équipe féminine des Dégommeuses à Bagnolet.**
lequatreheures.com (2017)

C'est notre rayon

Après une première publication dans *La Revue Dessinée*, l'affaire des algues vertes décryptée par Inès Léraud et Pierre Van Hove se poursuit en album. Trois ans d'enquête sur un scandale sanitaire français soigneusement étouffé.

Algues vertes, l'histoire interdite

« Un jour, à la sortie d'une conférence en Bretagne, un homme en manteau gris m'a tendu un dossier avec des coupures de presse et d'autres documents sur des morts qu'il estimait liées aux algues vertes. C'était très bien ficelé, il y avait matière à enquête. » L'histoire débute ainsi. Par la rencontre d'une journaliste, Inès Léraud, d'un territoire, la Bretagne, et d'un inépuisable sujet d'investigation, l'industrie agro-alimentaire. En 2016, la curiosité piquée au vif par une série d'indices, Inès Léraud décide de s'installer en Centre-Bretagne pour dérouler la pelote. *« Je pensais rester quelques mois dans le hameau de Coat-Maël, j'y ai passé trois ans,* raconte-t-elle. *Le fait de vivre sur place a changé ma façon de travailler et mon rapport aux témoins. J'ai découvert le café breton, lieu idéal pour trouver des personnes qui n'ont jamais frappé à la porte d'un syndicat ou d'une association. Au café, tu écoutes, tu glanes des noms, tu remontes le fil pour dénicher des paroles jamais livrées, des archives jamais explorées. »* Au fil des rencontres, la journaliste Inès Léraud met au jour les pratiques douteuses des coopératives agricoles, la dépendance des agriculteurs à leur égard, l'impact de l'activité agro-industrielle sur la santé et sur l'environnement. Depuis la fin des années 1980, au moins quarante animaux et trois hommes se sont aventurés sur une plage, ont foulé l'estran et y ont trouvé la mort. L'hydrogène sulfuré qui émane des algues vertes en décomposition est soupçonné, mais les autorités n'ont jamais voulu reconnaître clairement sa responsabilité.

Des échantillons mal conservés, des corps enterrés avant d'être autopsiés, des intimidations… mises bout à bout, les découvertes de la journaliste viennent étayer la thèse d'un silence fabriqué. Les échanges ubuesques avec ceux qui, au sein de la préfecture des Côtes-d'Armor ou dans les lycées agricoles, s'évertuent à soutenir que le problème n'existe pas lui donnent la mesure d'une double omerta. Certains nient le lien entre les algues vertes et les morts suspectes, d'autres – ou les mêmes – invalident la responsabilité de l'agriculture dans la prolifération des ulves toxiques. Car reconnaître ces liens de cause à effet pourrait porter atteinte au tourisme et à l'agriculture : le développement économique d'une région est en jeu. *« On est confronté à une pollution générée par des exploitants privés et à un laisser-faire des autorités, soucieuses – manifestement au nom de l'emploi – de ne pas se mettre à dos une partie de la population »*, analyse François Lafforgue, avocat de la famille de Thierry Morfoisse, un transporteur d'algues mort en 2009.

Cette chape de plomb qui pèse sur tout le littoral breton a d'abord été racontée en épisodes sur France Culture dans une série documentaire baptisée « Journal breton ». *« Grâce aux émissions de radio, les habitants connaissaient mon travail. Par dizaines, ils se sont mis à parler. Un réseau s'est constitué, une machine super efficace pour faire remonter l'information. L'histoire des algues vertes repose sur ces citoyens qui, à un moment donné, ont décidé de demander des comptes. »* Parmi eux, Pierre Philippe, un médecin urgentiste à Lannion qui depuis les années 1980 tente en vain d'alerter les autorités sanitaires. Lui a commencé à tirer le fil, la journaliste a continué jusqu'au jour où elle prend conscience qu'elle tient entre les mains un incroyable polar où tout est vrai. C'est là que naît l'idée d'en faire une bande dessinée et que le dessinateur Pierre Van Hove entre en scène. Le binôme réalise une trentaine de planches publiées dans *La Revue Dessinée* #17, à l'été 2017.

Le résultat est édifiant mais frustrant car les carnets et les enregistreurs d'Inès Léraud regorgent encore de témoignages et d'informations inexploités : les menaces de mort reçues par tel militant écologiste, les courriers adressés depuis des années à telle municipalité, les accointances de tel élu avec des lobbys, la riposte des syndicats agricoles...

L'enquête semble ne jamais devoir s'arrêter. Et pour cause, derrière l'histoire des ulves toxiques se dessine celle des forces contraires qui tiraillent une région. *« En creusant les cas de morts suspectes, j'ai compris que documenter l'histoire des algues vertes, c'était raconter celle de l'agriculture en Bretagne. »* Inès Léraud a donc continué à tendre son micro à ceux qui de près ou de loin ont été concernés par les intoxications à l'hydrogène sulfuré, aux scientifiques révoltés de ne pas avoir été entendus, aux agriculteurs pris au piège d'un mode de production qu'ils déplorent. Le résultat est un album de 160 pages où se croisent de courageux lanceurs d'alerte mais aussi des apôtres du *statu quo*.

Il y a quarante-huit ans, le littoral breton connaissait sa première marée verte. Depuis, 137 sites ont été touchés.

Algues vertes, l'histoire interdite, **d'Inès Léraud et Pierre Van Hove. Éd. La Revue Dessinée/Delcourt (juin 2019), 160 p., 19,99 euros.**

AUTEURS

JEANNE DETALLANTE
● COUVERTURE

Elle a développé un style très personnel, à la fois éblouissant et caricatural, identifiable instantanément. Elle crée des univers fantastiques, perturbants et fascinants en explorant les archétypes des mythes classiques. Après avoir vécu aux États-Unis pendant une dizaine d'années, elle s'installe à Bruxelles en 2014.

AURORE PETIT
● AU PIED DE LA LETTRE - P. 6

Diplômée des Arts déco de Strasbourg, elle a publié une vingtaine de livres illustrés, chez Les Fourmis rouges et Actes Sud Junior.

aurorepetit.com

FRANÇOIS THOMAZEAU
▼ MUSIQUE CLASSIQUE - P. 8

Marseillais né à Lille, dandy débraillé, glandeur débordé et journaliste intègre, il a fait de l'oxymore un style de vie.

francoisthomazeau.fr

VINCENT SOREL
▼ MUSIQUE CLASSIQUE - P. 8

Il vit à Nantes et fait de la bande dessinée pour la presse et l'édition jeunesse. Son dernier livre : *Chevaliers, moines et paysans*, en collaboration avec Florian Mazel, est publié dans la collection L'Histoire dessinée de la France (La Découverte/La Revue Dessinée).

CAMILLE DROUET
◆ INSTANTANÉ - P. 30

Ch'timi à l'allure andalouse, abonnée au Lille-Paris, traductrice devenue journaliste, elle a usé les claviers de *Courrier international*. Elle aime décortiquer toutes les formes de clichés.

AMÉLIE FONTAINE
◆ INSTANTANÉ - P. 30

Illustratrice d'albums jeunesse chez Hélium et Actes Sud, elle dessine également pour la presse (*Milk*, *Omnivore*, *Dong ! la revue*...)

ameliefontaine.fr

ULYSSE MATHIEU
▼ MAI 68 - P. 32

Journaliste indépendant et réalisateur, il aime explorer le plus de formes possibles pour raconter le réel. À son actif, documentaires, articles, ateliers et un jeu vidéo sur Mai 68.

ulyssemathieu.com

TROUBS
▼ MAI 68 - P. 32

Naît à Bordeaux sous le nom de Jean-Marc Troubet, passe par les Beaux-Arts d'Angoulême, s'installe ensuite dans le Périgord et part en voyage aux quatre coins du monde. Il en fait des bandes dessinées, souvent à la première personne.

THIBAULT SOULCIÉ
◆ SPORT - P. 66

Artisan-producteur de dessins de presse pour les « journals ». Devis sur demande. Contactez *La Revue Dessinée*, qui transmettra.

@tsoulcie

CATHERINE LE GALL
▼ PÊCHE - P. 72

Accro aux sujets financiers (en livres, bandes dessinées et documentaires), elle a eu envie de prendre le large avec les pêcheurs du Guilvinec. Son dernier ouvrage : *Les Prédateurs* aux éditions du Cherche-Midi (avec Denis Robert).

THIERRY CHAVANT
▼ PÊCHE - P. 72

Lyonnais monté à Paris pour ses études, il a d'abord été directeur artistique dans la publicité avant d'être, depuis 2005, auteur de bandes dessinées et illustrateur.

MARGOT HEMMERICH
▼ JEUX OLYMPIQUES - P. 100

Journaliste indépendante, spécialisée justice, et membre du collectif Singulier. Elle prête sa plume au *Monde diplomatique*, Médiacités ou encore *Philosophie Magazine*.

@HemmerichM

DESSINS : HERVÉ BOURHIS

CLÉMENTINE MÉTENIER
▼ JEUX OLYMPIQUES - P. 100
Journaliste indépendante basée à Grenoble, elle a un petit faible pour la radio. Elle cherche sa voie à travers les voix du monde. Collabore pour RFI, RTS, RTBF, *Le Monde diplomatique*.
@ClemieMet

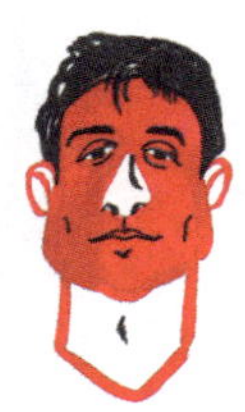

FABIEN ROCHÉ
▼ JEUX OLYMPIQUES - P. 100
Né à Paris, actuellement à Lyon, il jongle entre bande dessinée, illustration et graphisme et travaille sur un roman graphique à paraître un jour chez Delcourt.
fabienrochebd

JEAN-CHRISTOPHE MAZURIE
◆ DROIT - P. 138
Commence à écrire et dessiner des histoires pour la jeunesse tardivement et des bandes dessinées encore plus tardivement. Dernier livre *Ni vu ni lu* chez Delcourt.
jcmazurie.wordpress.com

ANNE-SOPHIE SIMPERE
▼ BIODIVERSITÉ - P. 144
Journaliste à *Basta !*, enquêtrice pour des ONG. Elle a un faible pour les sujets peu soumis au débat public.
@asimpere

CHICO
▼ BIODIVERSITÉ - P. 144
Fasciné par les images imprimées ou animées, il partage son temps entre la bande dessinée et l'animation. Bref, il dessine surtout pour raconter des histoires.

ARNAUD LE GOUËFFLEC
◆ MUSIQUE - P. 162
Écrit des romans, des chansons et des scénarios de bande dessinée, comme celui de *Lino Ventura et l'œil de verre*, dessiné par Stéphane Oiry, qui sort aux éditions Glénat. Aime le rock bizarre.

NICOLAS MOOG
◆ MUSIQUE - P. 162
Auteur de bandes dessinées. Les dernières : *Qu'importe la mitraille* (Éd. 6 pieds sous terre) et *En roue libre* (Éd. Casterman).

LAURE ANELLI
▼ PRISON - P. 170
Journaliste, elle travaille à l'Observatoire international des prisons, où elle est rédactrice en chef de *Dedans-Dehors*, revue d'information et d'analyse sur le monde carcéral.

ALEXANDRE KHA
▼ PRISON - P. 170
Infographiste, il vit à Lyon et à Saint-Étienne. La plupart de ses livres, à la lisière entre le réel et l'imaginaire, sont publiés aux éditions Jarjille et Tanibis.

CECILY
◆ DÉCOUVERTES - P. 196
S'intéresse aux sciences, occultes ou pas. Elle a été scénographe, plasticienne et patronne de bar avant d'arriver à la bande dessinée.
cecilydevil.wixsite.com/site

MICKAËL CORREIA
▼ FOOTBALL - P. 202
Journaliste, membre de *CQFD* et de la revue *Jef Klak*, il collabore avec *L'Humanité*, *So Foot* ou *La Revue du crieur*. Auteur de *Une histoire populaire du football* (La Découverte, 2018).
@MickaCQFD

NICOBY
▼ FOOTBALL - P. 202
Dessinateur tout-terrain, Nicoby passe du comique à l'autobiographie ou à la chronique sociale, s'intéressant autant aux Gaulois qu'au football féminin...

JULIETTE LAGRANGE
EX-LIBRIS ET ABONNEMENT
Autrice-illustratrice jeunesse, elle travaille aussi pour le journal *Le 1*. Elle aime les petites bêtes, les gens vieux et les objets pas droits.

numéro 24

JUIN, JUILLET, AOÛT 2019

Date de parution
5 juin 2019

Directeur de la publication
Franck Bourgeron

Directeur de la rédaction
Sylvain Ricard

Rédactrice en chef
Amélie Mougey

Conception graphique
Elhadi Yazi

Direction artistique
Cat Gabillon

Maquette graphique
Léa Larrieu

Édition
Camille Drouet et **Amélie Mougey**

Correction
Anne-Sophie Arnould, **Guillaume Goutte** et **Richard Herlin**

Direction marketing
Pierre Raiman

Responsable communication
Alban Barthélemy

Chargée des abonnements
Vanessa Schmierer

Responsable événementiel
Agnès Arnaut

Responsable administrative
Murielle Canta

Ont collaboré à ce numéro:
Sergio Aquindo, Serge Bloch, Jorge González, Pieter Van Eenoge, (infographies), Cécily de Villepoix (travaux graphiques)

contact@larevuedessinee.fr
larevuedessinee.fr

La Revue Dessinée est éditée par LRD SAS, SAS au capital de 4668€

Rédaction:
15, rue de la Fontaine-au-Roi, 75011 Paris
01 58 30 52 05 (abo et rédaction)

Fondateurs actionnaires:
Franck Bourgeron (président), Sylvain Ricard (directeur général) et David Servenay

Actionnaires: F&S, Jean-Hubert Gallouet, Patrick Goux, Nicolas Gouju, Arnaud Bertin et Emmanuel Hurault

Impression et façonnage:
STIGE s.p.a. Via Pescarito, 110, 10099 San Mauro (TO), Italie
Fabrication: CPE conseil
Photogravure: Apex Graphic
Diffusion: Delsol
Distribution: Hachette
Commission paritaire: 0919 D 91934

ISSN: 0753-3454
ISBN: 979-10-92530-77-3
Hachette: 4577958
Dépôt légal: juin 2019

Papiers 100% PEFC
Papier intérieur: Allemagne
Papier couverture: Italie

LA REVUE DESSINÉE CONTIENT UN ENCART ABONNEMENT ET UN EX-LIBRIS (TIRAGE ABONNÉS) SIGNÉS JULIETTE LAGRANGE.

L'UPPERCUT DE THIBAUT SOULCIÉ

26 personnes possèdent ~~autant que~~ la moitié de l'humanité

Soulcié

Chaque semaine, retrouvez les dessins
de la rédaction sur nos réseaux sociaux.